开窍了，学习会上瘾

李波 著

图书在版编目（CIP）数据

开窍了，学习会上瘾 / 李波著. —北京：北京联合出版公司，2022.11
ISBN 978-7-5596-6470-9

Ⅰ. ①开… Ⅱ. ①李… Ⅲ. ①学习方法 Ⅳ. ① G442

中国版本图书馆 CIP 数据核字（2022）第 180287 号

开窍了，学习会上瘾

作　　者：李　波
出 品 人：赵红仕
责任编辑：徐　鹏

北京联合出版公司出版
（北京市西城区德外大街 83 号楼 9 层　100088）
三河市中晟雅豪印务有限公司印刷　新华书店经销
字数 170 千字　800 毫米 ×980 毫米　1/16　印张 17.5
2022 年 11 月第 1 版　2022 年 11 月第 1 次印刷
ISBN 978-7-5596-6470-9
定价：59.80 元

版权所有，侵权必究
未经许可，不得以任何方式复制或抄袭本书部分或全部内容
如发现图书质量问题，可联系调换。质量投诉电话：010-82069336

目录

序 / 01

1 第一部分
走出"再努力，也学不进去"的困境

存在感缺失：在群体中慢慢被人忽略 / 004

缺乏学习的热情，学生会越来越缺乏安全感 / 012

把自己圈在自己画出的"安全区" / 019

课前预习为何没有想象中有用 / 026

如何听课：认真听课，但解题效率不高怎么办 / 034

为什么有的人越学越跟不上 / 045

2 第二部分
挖掘学习无法开窍的根源

人与人之间是存在差异的 / 052

差异会体现在哪些方面 / 055

先天具备还是后天养成 / 060

高手在做的，就是我们要学习的吗 / 064

学习也是需要"学习"的 / 069

只读课本不读书，分数再高也走不远 / 078

不要给孩子下论断 / 087

爸爸妈妈们要开始学习了 / 096

老师对工作的理解，也是慢慢成长的 / 102

3 第三部分
掌握高效学习的秘诀

学习高手是训练出来的 / 112

如何正确看待分数：此刻的分数能代表实力吗 / 116

如何将你的能力用于考试中 / 119

锻炼解题能力，学会复杂问题简单化 / 144

学会一道题，会做一类题 / 161

三个办法应对不能解决的题目 / 172

学数学，到底用不用记和背 / 179

提升知识理解能力，具备"方法意识" / 184

理解知识的"两重性"，把学到的知识用起来 / 190

知识学习的第一个原则：课本是根本 / 193

知识学习的第二个原则：重复是关键 / 195

训练思维方式，才能成功突围 / 201

要有"进得去"的思维方式 / 203

把握"进得去"的过程，让你不断进阶 / 207

要有"出得来"的思维方式 / 210

把握"出得来"的过程，让自己进阶 / 213

结语 / 219

4 第四部分
家长课堂：帮助孩子提高学习兴趣和学习效率

在家学习心浮气躁怎么办 / 222

管好学习，先从管好情绪开始 / 228

三个答案，让孩子学会管理情绪 / 234

如何处理孩子的叛逆 / 238

正确的爱，换来一个爱学习的好孩子 / 240

如何让孩子自律、成熟、爱思考 / 247

父母在教育上急功近利，孩子就会在学习上投机取巧 / 255

如何端正孩子的学习态度 / 261

序

我从事一线教学研究 17 年了，这期间我接触了数万个家庭。和大量的家长沟通之后，我发现家长们对于孩子的学习成绩实在是太过焦虑了。

最焦虑的往往是那些在学习上表现不算很差，但尚未真正"开窍"的家长——他们的孩子大都对学习的热情度一般，但也还算勤勉；家长迫切地期待孩子再努力一把，争取成为更优秀、更耀眼的学生，同时，又担心孩子稍微一懈怠，学习就跟不上了。在期待与担忧之间，我感受到了家长们的无所适从和无能为力。

面对那些对学习还没有开窍、成绩一般的孩子，家长应该怎么办呢？我们应该如何更好地陪伴孩子，才能让孩子积极地面对自己的学习生涯呢？我创作这本书，就是为了和大家讨论这个问题，也想把我在教学、教育研究中的一些经验分享给大家。

想要更好地陪伴这些孩子，我们先要真正地理解这些孩子。

学习的过程就像一场马拉松比赛，开始的时候，往往所有人都拥挤在一起。比赛进行到大致三分之一的时候，群体开始形成，或前或后的人开始变得很少，中间的人非常多。比赛进行到大致三分之二的时候，群体开始固化，即便有变化，也只是群体内的变化。

一名马拉松比赛选手跑到中间部分的原因是多方面的。

有的是体力所限，有的是前期体力耗损，有的是在为下一步的冲刺积蓄力量，有的是自己认为差不多就可以了。

而一个学生之所以学习成绩处于中等，原因也是类似的：有的是学习能力的限制；有的是学习热情在前期被过度消耗了；有的是完全不关注自己的学习状态，只埋头按照自己的节奏学习；有的是因为对学习的信仰缺失了，而不愿再在这件事上有太多付出。

小学三、四年级，以及之前的时间里，学生与学生在知识掌握及问题解决上的差距往往并不明显。大多数父母对孩子的学习也都是充满信心的，对孩子的未来也都是憧憬的，相信自己的孩子完全可以在未来创造出辉煌的成就或过上比自己更好的日子。

在 10 岁之后，孩子们往往会在学习上表现出不同的状态。

有很少一部分学生开始变得对学习失去了兴趣，这并不能说明他学习能力出了问题，可能只是没有将自己的心思放在学习这件事上。若是能够多花一些时间跟心思，往往都还能追赶上。不过，还是有个别学生的成绩毫无起色，这确实跟学习能力有关，但也跟他的思维能力、对知识的敏感度，以及他对外部事物的感知能力有关。

据我观察，这个时期的大多数学生表现都不错，甚至可以说是优秀。一个班级里面，按照学习的情况主要分为两个群体：学得很好的和学得还不错的。两个群体在学习成绩上有差别，但很细微。

不过，我们从这种细微的差距上，还是能够看出一些端倪。父母可能无法清晰地描述出来，但还是能感觉到这背后的关键因素。这些差距在当下看似对学习成绩影响不大，但过往的人生经验会让每个父母清晰地感知到，它们将会影响孩子未来的人生走向。

从此时开始，父母往往会在心里默默地调整对孩子的定位。但同时，父母又抱有极大的期待——也许我们能帮孩子改变他现在的状况，毕竟孩子的学习之路也才刚刚开始。

从初中开始，有一些学生明显地"开窍"了，学习起来好像很轻松；而另外一些学生，则仿佛很吃力，他们也认真听讲，认真做题，但始终力不从心。最先感受到压力的并不是那些平时不太学习的孩子，而是学习处于中游的孩子。他们好像总是早出晚归，好像没有节假日，好像从来没有停下来过，可学习还是无法突破。他们也想着要进步，但又发现单纯的努力似乎并不能有显著的效果。

面对压力，有的孩子退缩，有的孩子徘徊，有的孩子奋进，但他们在面对父母的时候，很少表露自己的情绪。不是不想从父母或老师那里寻求支持，只是因为处于青春期的他们往往不大愿意承认自己的困难。

细心的父母还是能察觉到孩子的变化，但是大多数人还是很难与孩子共情。这个时候，父母与孩子之间的沟通往往是不通畅的。父母认为，孩子关于未来的想法与自己相左，是因为孩子不愿意变得更好；孩子认为，父母对于他未来的期望并不符合自己当下的实际情况，只是一味地给他提要求，却不能帮助他解决问题。

事实上，父母和孩子对于未来的想法往往是一致的，父母对于孩子的要求，也是人性化的。

从父母的角度来看，孩子消极的学习态度，让我们对孩子的支持无从着力。我们的付出，似乎并没有让孩子知识掌握的情况变得更好。父母迫切地想要帮助孩子，却又找不到更好的办法。在这种情况下，父母会开始怀疑自己，认为自己之前对孩子的规划并不正确；也会开始怀疑孩子，认为孩子不具备优秀的能力。

在初中阶段，有些孩子会通过刻意努力换来些许的成长，勉强能跟得上学习进度。但之后的高中阶段，尤其是从高一上学期的第二个月开始，他们想要通过努力让学业有所突破，变得越来越难。上课听讲的时候，他们还是能听懂的；但在课下做题的时候，发现那堂课似乎从来没有听过，要么不知从何下笔，要么会花费很长时间来解题，感觉自己的思路越来越跟不上。

随着时间的推移，这些学生在学习上变得越来越难。他们心中仍有目标，也愿意去努力，但又感觉即便努力了也于事无补。

纠结、无奈，成了这些学生的常态。

十几年的教育教学实践和研究告诉我，那些在学习上表现不突出的孩子，并非不具备把学习这件事做好的能力，他们完全可以通过父母的引导与训练，成长为学习优秀的孩子。只是大多数父母并不具备相关的专业知识，并不明晓以怎样的方式对孩子进行引导与训练，只能完全依靠学校，或将希望寄托于孩子自身的机遇。

在这本书当中，我会结合这些年对孩子们在学习这件事情上的观察与思考，从他们所身处的现实环境出发，探讨这些孩子成绩无法突破的原因，也会带你去了解这些孩子学习的全过程，让父母能够看见孩子学习的状态是怎样的。

为什么有的孩子，学习非常努力，但仍然无法取得进步呢？

为什么有的孩子，表面上在学习，事实上对学习的热情度一般呢？

为什么父母不能执着于表面的分数呢？

孩子的学习表现，和他的心理发展有什么关系？

家长应该如何引导孩子爱上学习，享受学习的过程？

以上这些问题，我们都会逐步去探讨。

我常跟来找我咨询的家长说："人对了，理念对了，认知对了，孩子的学习才会好。"

我始终认为，孩子想要获得真正的成长，往往需要被看见。只有被看见，被理解，他们才能看见自己，理解自己，在学习上，也才能提起热情，抓得住，把得牢。

作为父母，我们更应该抛开对于成绩、分数的执念，更好地陪伴孩子。只有理解孩子，才能让孩子积极地面对自己的学业生涯，享受学习的过程。我们不应该再因为孩子"成绩不好"而焦虑，而是应该找到学习跟不上的心理层面和思维层面的原因，让孩子全面地理解学习的本质。

在这本书当中，我也会从四个维度，由表及里地给予孩子在学习成长上的建议与指导。希望我的思考与分享，能帮到所有希望在学业上有所突破的孩子。

第一部分 **1**

走出"再努力，
也学不进去"的困境

孩子一进入学校，便开始接受各种各样的考核。

如果孩子接受考核后的结果不如意，他身上就好似被贴了一个标签，这个标签在提醒他：你的前面有很多人，你要努力才能赶上他们；你的后面也有很多人，你要努力才能避免被人赶上。

总被催促，总被教导。

这让他一度怀疑周围的人似乎要比他更关心自己的学习。但若是细细琢磨，又会发现，那些催促或是教导仅仅是几句话。这些话看似重要，实则并没有任何价值，孩子不但不能从中获得启发，反而会更加不知所措。

成长的本质，是一个人的自我觉知：我就是我，我跟别人是一样的，我跟别人又是不一样的；我要我往前走，我要我不断地往前走，我要我勇敢地往前走，我相信我能走得更好；我相信我能通过向他人学习而变得更好；我相信我的明天会更好，能让曾经的同伴愿意跟我一样勇敢地往前走……而教育的过程也应该是引领孩子开始自我觉知，并在他自我觉知的过程中为孩子提供支持与帮助。

但很多在学习上表现一般的孩子，学业现状似乎并不是这样。如果你是一名学生，你的学习成绩虽然过得去，但也不算很好，那么本章的内容，或许可以引起你的共鸣。

存在感缺失：在群体中慢慢被人忽略

如果你曾经成绩优异，当你回想起你曾经的同学时，你能想起谁？

我想，你能想起的往往是那些和你一样成绩优异的同学，或是那些成绩不好但极其活跃、有个性，甚至有些调皮的同学。

如果你是曾经"学习不开窍"的学生，当你回想起你曾经的同学时，你能想起谁？

我想，你能想起的也一定是那些成绩优异的同学，或是那些成绩不好但极其活跃、有个性的同学。

如果你是曾经学习处于下游的学生，你又能想起谁呢？

我想，你能想起的也一定是那些成绩优秀的同学，以及那些成绩不好但极其活跃的同学。

成绩处于中等水平的学生应该是比例最大的，他们去哪里了呢？好像没有人关心他们。

洁婷是我前些年见到的一个初中女生。她的成绩不好也不坏，当时学校还没有取消排名，班级有 63 个人，洁婷同学在 30 名上下。

洁婷的父母对洁婷表面上很放心，自从初二之后，就很少再过问她的学习。

其实，洁婷的父母也曾非常关注洁婷的学习情况。

读小学之前，洁婷的妈妈专门辞职在家陪着洁婷，给洁婷读故事，教她识字，报名参加各种课程，涵盖琴棋书画等方方面面。那个时候洁婷是一个很乖巧聪明的女生。妈妈给她讲故事，只要讲上两三遍，她就能复述给身边的人。在她读小学一年级的时候，就已经能开始独立阅读了。在别的小朋友还扳着手指头进行 10 以内的加减法运算的时候，她已经会计算两位数的乘法了。所有的表现似乎都在传递着一个信息：洁婷这个小朋友，以后一定能成为一个学习成绩优异的学生。

小学一年级到三年级，洁婷的成绩基本都是满分，似乎一切都在朝着洁婷妈妈的预期往前走。

四年级开始，洁婷的学习开始有了一些变化。

最明显的是写作业的时间拉长了。四年级之前，洁婷往往会在晚上 8 点之前写完作业。但从四年级开始，每天晚上要一直写到 10 点多。作业量相比之前要大，这是一个客观事实，但在辅导洁婷写作业的过程中，洁婷妈妈发现了一个非常关键的现象：一些知识点，很明显是老师在课堂上讲过的，也是教材中反复强调的，但洁婷在做相关的题目时，好像对这些知识完全不理解，就像没有听过一样。不过，稍加提示或讲解之后，洁婷同学还是能够明白的。

洁婷妈妈觉得这是一个比较严重的问题，就到学校了解情况。老师反映，洁婷上课听讲的时候偶尔会走神：坐在座位上，眼睛盯着黑板，好像是在听课。但很明显，她的眼神有点发直，脸上也没了表情。不过，叫一下她的名字，她马上就能回过神来。

回到家之后，洁婷妈妈问起她上课走神的事情。洁婷说，她自己也发现了这个现象，但她也不知道为什么，听着听着就走神了。走神的时候，脑袋里面什么也没有想，不像别的同学，会去想一些有意思的事情。面对妈妈的责问，洁婷很无辜，她也想从妈妈那里得到一个解决办法。

这个问题该怎么解决呢？妈妈似乎也没有任何办法，她试着寻找各种方法，读了一些相关的书籍，学习了一些理论，还向各种各样的心理专家、教育专家，甚至神经科的医生咨询，但都不能得到一个好的解决办法。最后，她只能寄希望于洁婷自己，期待女儿能少出现这种情况。

为了不影响学习进度，洁婷和妈妈在课后也一起做了很多努力，但还是挡不住学习成绩的下滑。到了五年级下学期，洁婷的各科成绩基本保持在85分到88分。不能算作好成绩，但也算过得去。但维持这个成绩，也让洁婷付出了很多，无论是时间上，还是精力上。

有的时候，妈妈想到洁婷的学习情况，不免生出一些担忧。现如今的学习压力不是很大，可洁婷已经开始力不从心了。每天都很忙，哪怕周末都不休息，即便如此，她的成绩还是不太出彩。努力奔跑，她也只能维持不掉队。

也许，洁婷只能是一个在学习方面很普通的孩子吧。

想到这里的时候，妈妈长长地舒了一口气，为自己，更为洁婷。

初中之后，洁婷在上课的时候不再走神了。而且一直以来，洁婷的学习习惯都很好。课前预习做摘录，上课听讲做笔记，课后及时地做作业，无论哪一项，她都按部就班地完成。从理论上来讲，她在学习上应该能开始往前走，更进一步了。

洁婷妈妈也曾这样想过。

但事情的发展走向并不如预期，洁婷同学的表现还是跟之前差不多，处于不太好也不太坏的水平。

妈妈也想帮助洁婷，但她深深地感受到了什么叫作无能为力，她不知道到底该做些什么。除了辅导洁婷的作业，督促洁婷努力、多付出，或请老师辅导之外，她实在不知道还有什么办法。既然如此，她索性就放手了。她想，不如多给孩子一些空间，还能帮助孩子保持自我的独立性，也能有一些时间发展除了学习之外的爱好。

初中三年静悄悄地过去了。

老师几乎没有找过洁婷的爸爸妈妈谈论洁婷学习上的问题；洁婷的学习习惯也一直保持得不错，看上去无可挑剔；所有一切该做的，她都在做，也从来不给老师增添麻烦，跟同学之间的相处也很融洽；学习不能算优秀，但也还过得去。她让人很放心，也无须去操心，是一个很安稳的学生。

老师们也曾想过给洁婷一些激励，让她在学习上更上一层楼，但考虑到她在学习上已经相当自觉了，该怎样去激励她呢？

我们来看看，洁婷在学习上如此认真，为什么还是无法进步呢？

在跟洁婷接触的时候，老师们能明显地感觉到，洁婷思考问题的能力有些欠缺。在面对问题时，她总是不能做到深入地分析和思索。

我将思考问题时的表现分为四个层次，分别是无意识层、进入层、发散层、归拢层。

无意识层是最浅层的表现，也就是我们所说的"知其然，不知其所以然"；进入层属于第二个层次，意味着对于某个问题有了针对性的思考，但这个思考仅仅停留在这个问题本身；发散层属于第三个层次，在这一层的同学，已经可以做到"举一反三"了，他的思考可以由一个题目，延伸到所有同类的题目；归拢层是第四个层次，也就是最高的层次，即可以总结出问题的核心，找到问题的底层逻辑。

洁婷同学在听讲的时候往往处于无意识层，表面上在跟着老师的讲解走，但老师的讲解会走向哪里，为什么会在某个点上停留，为什么会对某个点进行强调,她似乎统统不关心。她只是乖乖地听着老师的讲解,记着老师的板书。

对于一些稍显简单的知识点,洁婷同学能提出一些自己的思考,也会提出一些问题,但这个思考也只是刚刚进入第二层,也就是进入层。老师们会感觉她所提的问题并不具备太大的价值。虽然老师还是会解答她所提出的问题,但他们不觉得这个答案可以让洁婷对知识有多么深入的理解。

当老师们想着要推动洁婷同学的思维往前走的时候,往往会有一种无力感。这种无力感源于洁婷同学就老师讲解的问题进行延伸思考时,思维是涣散的。她的确在听,也能配合老师的讲解给予回应,但老师们总能感觉她无法对问题进行深入的思考,此次的讲解,会随着讲解的结束而烟消云散。

这种无力感最终导致的结果就是,老师们的目光从洁婷身上渐渐移开了。不是他们故意忽略她的学习,而是一种必然的选择。老师们在教学上依然尽心尽力,但无法将注意力平均地放在每一位同学身上。

不单单是洁婷同学有这样的经历,许多成绩普通的孩子都会有这样的体会。这些现象,在四、五年级的时候开始出现端倪;初中阶段开始变得明显起来,高中阶段成为普遍现象。对于父母和老师而言,这种忽略是一种漫长的选择,并非刻意而为之。

藏在这背后的原因是什么？

当我从身边的老师以及我曾见过的父母身上看到这些现象的时候，我不断地追问自己，到底是什么导致这些学习成绩不那么好也不那么坏的孩子被大家忽略呢？

无奈。

这里的无奈感，一方面是对"对象"的无奈，也就是对孩子的无奈，觉得孩子遇到的问题太难解决了，即使解决了当下这个问题又能怎样呢？还会是老样子。另一方面是对自己的无奈，觉得自己怎么不能像别人一样，能够一眼洞穿问题的本质，给到孩子真正的帮助，觉得自己可能再努力也比不上其他人。

无奈是面对问题的一种消极态度。这种消极的态度，往往源自内心的恐惧。就好像我们超出自己的能力去做任何一种努力的时候，会有人盯着自己，若是不能做成，将会形象尽失。说白了，我们无法面对自己在某些事情上无能的事实。

当然，更多的人只是对对象的无奈，还不能上升到对自己的无奈。因为一个人若是能开始感知到对自己的无奈，意识到"我怎么就不能帮到对方""我应该怎样帮到对方"，那么他就已经开始了自知，便能开始自省。开始自省的人才能明白，但凡是问题，就一定可以找到办法解决，而这是一种积极的信念。接下来，他就会从自己出发，从对象出发，开始真正意义上的思考——基于对人的思考以及对事物发展背后规律的思考，最终找到解决办法。

成绩中等的孩子之所以经常被大家忽略，根本的原因在于以下两方面：

一、大家觉得这是一个问题，但这个问题不是我的问题；

二、大家觉得这个问题根本不可能有办法解决。

但我依然想要呼吁大家，要能够体会到这些在学习上难以突破的孩子当下所遭遇的境况。要相信，那些孩子实实在在遇到的问题，那些我们察觉到却无能为力的问题，那些在我们的认知范围内已经定性为"不可能解决"的问题，都是能够被解决的。只有怀抱着这样的信念，坚信这些问题完全可以通过进一步的研究与思考而得以解决，才能让这些孩子拥有更好的学习和成长环境，让他们能够被真实地对待，被大家真正地关注。

这个环境，不是我们所营造出来的"虚假的环境"，而是孩子真正需要的环境。

而这一切，需要我们通过学习与成长来实现。

缺乏学习的热情，学生会越来越缺乏安全感

有些孩子很难做到从具体的事件当中跳出来，以更开阔的视角审视当下的生活。很多时候，他们总会以为自己所看见、所听见的就是整个世界，往往会把"此刻"当作永远，会因为自己的未来不符合既定的规划而产生不安全感。

这些成绩普通的孩子，在班级里面是最大的群体。他们在学习上呈现的结果，往往不像成绩优异的学生那样稳定。他们能够明显地感受到，学习成绩似乎并不受自己控制：这次考试的难度偏低，成绩就会好一些；下次考试的难度偏高，成绩就会差一些。最近老师对待我的态度不好，成绩就会下滑；最近老师在课堂上特别欣赏我，学习成绩就会上升。最近有莫名的焦虑感，成绩就会下滑；最近有莫名的兴

奋感，学习成绩就会上升。

文佳同学是我的一名学生，她看上去是一个很外向的女生。

每当在远处看到老师走过来，她都会非常热情地打招呼，而且她的动作幅度比较大，声调也很高。每当同学有困难的时候，她总会第一时间站出来帮忙，还会发动其他同学一起。

她说起话来总是那么有激情，走起路来总是那么有朝气。在很多同学看来，文佳同学是一个大大咧咧的女生，有一种侠气在身上，是一个很好相处的人。

只不过文佳的妈妈不这么看，跟文佳相处久了的好朋友也不这么看。在文佳的妈妈和好朋友眼里，文佳是一个心思极为细腻的人，她对于生活中的很多细节都非常在意、非常敏感，并不像她表现出来的那样爽朗、坚强。

在生活中，她会因为自己养的一只猫丢失了而伤心好久。她每次放学之后，会用大量的时间去寻找，甚至会给她的猫写信。而且那次丢猫事件之后，她再也不养猫了，甚至不能看见别的猫。因为一看到别的猫，她总能想起自己曾经丢失的那只猫，这会让她自己的心情瞬间灰暗下来。这些年，她也一直在调整，虽然有好转，但还是不能很好地控制自己的情绪。

文佳是一个愿意为他人付出的人，但是她在付出之后，也很在意是否能得到回应。注意，我在这里说的是"回应"，不是"回报"。她更在意的是,对方是否能在情感和行为上,对她的付出表现出积极的回应和认可。

连与猫相处也是这样的。

养猫的时候,她经常会花很多时间给猫洗澡,洗完澡还会用电吹风将猫身上的毛吹干,会用手慢慢地把猫毛梳理得顺滑一些。在照顾猫、跟猫一起玩的时候,她将自己全部的情绪、情感投入其中,不求这只猫给她带来什么,只是希望眼前的这只猫,能在每一次见到她的时候都像她所期待的一样对待她。

有一次放学回到家,她看到猫没有像往常一样迎接她,猫对她似乎没有以前热情了,她马上就不高兴了,扔下书包抱起猫,委屈地质问:"你怎么不迎接我呢?你怎么了?是我哪里做得不好吗?你是不是不喜欢我了……"一连串的问题抛向那只猫,足足持续了半个小时。

后来,在妈妈的坚持劝导下,文佳才把猫放下,去洗手、吃饭、写作业。但很明显,那天晚上文佳的学习效率很低,有好几个不该出错的地方都出错了,甚至到了睡觉的时间,作业还没写完。文佳告诉我,那天晚上,她脑子里全是以往自己对猫的付出,她不明白她最亲爱的猫为什么不像往常一样扑到自己的身上。尽管从理智上她明白,猫只是猫,也许是有别的原因,但她还是无法控制自己的思绪。

在跟同学相处的时候也一样。当同学向她求助时,她总会马上放下自己手头的事情去帮助同学。但当她带着笑、略带不好意思地向同学求助的时候,如果同学不能像她一样马上放下手头的事情去帮她,她会尴尬地说:"要不算了,我看你挺忙的,我还是看我自己能不能搞定。"之后,她便会回到自己的位子上,情绪变得低落,脑子里开始胡思乱想:"我之前对那位同学多好啊,我为她做了那么多事。""是不是我哪里做得不好,才让同学这样忽略我的需求。"尽管从理智上,她明白其中的原委,但还是不能控制自己的思绪往不好的方向飘。

在面对老师的时候,也是一样的。她总是非常热情,很有礼貌地向老师打招呼、行礼。但当老师上课提问的时候,一旦她没有被老师点名回答问题,她的脑袋里面就开始思绪乱飞,浮现之前自己对老师的种种态度,开始怀疑老师是不是对她有意见。尽管从理智上,她是能理解的,但还是控制不住自己的这些念头。

在生活中、学习中,类似的事情有很多。当然,也有很多好的、愉快的事情发生,但负面思绪的出现,总是让文佳的情绪处于不断的波动当中,起伏不定。只不过,文佳不会把那些坏的情绪表露出来,往往都是一个人在承受。但那些跟她很亲近的人,还是能感觉到她在情绪上的微妙变化。

这些年,文佳的妈妈也能感觉到她的学习总是受情绪的影响。心情好的时候,对学习的热情度会增加,学习效率就会高很多,学习成绩也不错;心情不好的时候,对学习就缺乏热情了,学习效率就会低很多,学习成绩也会跟着往下走。妈妈也尝试着帮助女儿,但每次就这个问题和文佳深聊的时候,文佳都表示自己清楚地知道自己的问题,她跟妈妈保证,会控制好自己的情绪,把全部心思都放在学习上,不会再因为这些无谓的琐事影响自己的学习了。

但这个问题，在文佳读到高中的时候还是没能解决，反而变得越来越糟。

文佳身上所凸显的这个问题，是大多数在学习上表现一般的学生都存在的。这个问题看似是情绪的多变导致的，究其根源，则是在于他们对自己身处的环境出现了错误的理解。

人天然具有社会性。每个人在进入社会的那一刻，就开始本能地在人群当中寻找自己的位置。但并不是每个人在一开始的时候，就站在靠前的地方，大多数人都会站在离中心点不远的位置。

有了位置，就会开始有比较，就会开始反观，即用自己的主观感受去观察世界，只是不同的人反观的点不一样。

我常常会跟我的学生讲这样一句话："我举起望远镜，望向全世界，我发现没有任何对手，全是我学习的榜样。"

从自己当下的位置出发，审视自己的优势与劣势，看到身边人的优势并学习，努力使自己的劣势变成优势，并使自己的优势变得更加突出，这是所有人最该做的事情。

但更多学习成绩不好的学生，在面对自己当下的困境时，不认为是自己身上拥有某些不好的特质导致的，而将一切归结于周围的环境，认为是他人对自己的评判所导致的。这在心理学上，被称为"向外归因"，是一种认知上的谬误。

抱着这样的认知，他们在做事的时候，关注的重点不是如何把这件事做好。虽然表面上，他们也在努力地行动，但他们的关注点并非放在做这件事的过程上，而是放在自己做完这件事的结果上——别人会对自己有怎样的评判。他们总是把自己放在被审视的位置。这样的心理状态持续得越久，心底深处的不安全感也就越重，会越来越感觉到，一切似乎并不受自己的控制。

就好像一个人在走路，他没有好好地关注自己脚下的路通向何方，没有认真地看看这条路的路况如何，只是抬头看天，或者左顾右盼，希望别人看到自己在认真走路。然而，周围的人很难注意到他，这让他开始陷入一种极度的自我怀疑当中，显得不知所措。若是能被注意到，他便会低下头来稳稳地走几步；若是没能被注意到，他便会高一脚低一脚。

他们此时身处的环境，首先是父母给予的，其次是学校的老师和同学营造的，最后是整个社会所创造的。对于学校的老师以及同学，还有这个社会，我们是很难凭借一己之力改变的，但我们可以从自身出发给予他们安全感。

怎样才能让他们有安全感？

首先是肯定。这里说的肯定，不是对他们的行为本身进行肯定，而是对行为的出发点表示肯定，要把他们做事的出发点，用好的品质来定义，并且，一定要很严肃、很认真地讲出来，要盯着他们的眼睛讲出来。

其次，对孩子行为的出发点进行挖掘和延伸。我们需要让他们听到自己内心的声音，要对他们为什么会有这样的品质进行挖掘，这样，他们才能把脚扎根于大地，而非轻飘飘地悬浮于空中。我们需要让他们看到这样的品质将会带给他们怎样美好的未来，这时，他们就能拥有一种信念，从而获得精神上的自由。

把自己圈在自己画出的"安全区"

我们会发现,当孩子在学习上缺乏动力时,他的这种状态也会反映在其他事情上。例如,他很难控制一件事的走向,似乎总是被周围的环境所绑架,面对很多事情,都是随波逐流,没有主见的。

但没有主见不能说明他没有想法,没有对当下的判断力。只是,他的想法和主见仅限于自己的内心,并没能反映到行为上。

一个班级里面,哪些同学显得很忙?一定是学习不太好又不太坏的学生。

举个例子吧。

鹏宇是我五年前见过的一名学生。在同学和老师的眼里,鹏宇是一个很努力的人,他每天的生活很简单,从来都是两点一线。

但当你跟鹏宇之前的同学、老师谈及他的时候,他在大家脑海当中的印象很模糊。大家依稀记得，曾经有这么一个同学，似乎每天都在学习，话不多，很朴实……但除此之外，就没有别的了。

鹏宇对自己这些年的学习过程以及学习结果并不满意。在内心深处，他是有追求的，他也想让自己在班级里面的位置更靠前一些，他希望自己的学习成绩更好一些，希望可以被同学和老师们重视。所以，一直以来，他都在学习这条路上孜孜不倦地往前走。但每每看到结果，他都纠结于别人会怎样看待他的成绩。他不想活在别人的眼睛里面，他只想单纯地学习，但似乎总也看不到成果，这让他产生了一种挫败感，无法真正地感到平静。

每天早上，他都是第一个到教室的。但当他看到教室里只有自己一个人的时候，他会产生怀疑："我如此努力，究竟会带来什么呢？"尽管成绩单上平平无奇的分数让他一直没有得到过正面的反馈，但你叫他就此而放弃努力，他也不可能做到。

鹏宇的睡眠很不好。躺在床上的时候，他会想起父母和老师说过的——将当天所学习的内容在脑袋里面像放电影一样过一遍，这样的学习方式才奏效。但每当他这么做的时候，他要么无法集中注意力去回忆，要么想不起来老师当天讲的内容。这时，他就开始抱怨自己，负面情绪开始在身上蔓延。很多个晚上，他都在这种反复的纠结中入睡。

即便如此，鹏宇同学还是在一丝不苟、按部就班地尽着一个学生的本分。上课的时候，他会很认真地听讲，把老师的板书工工整整地记录在笔记本上；写作业的时候，他也很认真。遇到不会的题目，他会翻看一下笔记本，有的时候会边记边写，因为"好记性不如烂笔头"；有的时候，他会大声地朗读，因为"书读百遍，其义自见"。

他也在想办法提高自己的解题能力，甚至周末休息的时间都在刷题。总之，他努力地按照父母、老师，以及那些学习成绩不错的同学的建议去学习。所有的学习方法，他几乎都有耳闻，都在尝试。

然而，他开始产生了一丝怀疑。因为这些大家都说很有效的学习方法，似乎并没有换来想象当中的学习结果。他曾经想过，要不要做一些改变。但当这个念头在头脑中产生的时候，他是有点害怕的。因为改变意味着他必须走出当下的舒适区，去尝试新的学习路径，他会本能地退缩。

他害怕失败，因此更喜欢自己正在走的路。尽管有不满，尽管有怀疑，但他觉得自己对学习的走向是能够控制的，是安全的。殊不知，他所认为的"控制"并不是真正的控制，只是习惯而已。每每有改变的想法在头脑中冒出来，他都会开始权衡。权衡之后的结果，往往是继续走之前的老路。

其实，鹏宇并不是一开始就出现这种状态的。在更早之前，鹏宇对学习的态度很开放，他一直在遵循学习的本质：用他人优秀的、先进的理念、理论、方法武装自己的头脑。那个时候，他正读小学，不能算是一个乖孩子，但对于父母和老师的教导能听进去，并能在学习上执行，学习成绩在班级里面很不错，尤其在五年级之前，经常是语文数学双百分。

鹏宇同学读五年级的时候，身高就已经1.65米了。也就是在这一年，大家发现鹏宇跟之前不一样了。之前那个有点调皮捣蛋、经常在家里耍赖、在学校里跟同学打打闹闹的鹏宇不见了，他开始变得沉默寡言，甚至有点循规蹈矩。

五年级之后，鹏宇变得封闭起来了。他选择把自己包裹起来，默默地观察外面的世界，并审视、揣度自己在其中的位置。

他的大脑时刻都是活跃的。他过分地在乎自己在外界的位置，这样的状况让他一度严重怀疑自己的能力——越是去关注别人，越是想要找到自己在别人心中的位置，越是不能正确地看待自己，越是觉得自己渺小，自己的努力也毫无意义。觉得别人哪儿都好，自己哪儿都不行。

鹏宇在五、六年级的时候过得很不好，这个"不好"不是外部环境的不好，不是爸爸妈妈对待他的态度，也不是他与同学的相处，而是他总觉得自己一无是处。

上课的时候，他会睁大眼睛，集中注意力听老师的讲解。他似乎有一种感觉：整个教室里面在听课的只有他，老师似乎在专门给他一个人讲课。

这样的极度专注后，他又会忽然出神，进入一种深度思考的状态，觉得自己对老师所讲解的内容，要比别的同学理解得深刻许多，他很享受这种出神的感觉。不过，当老师提问，同学流利地回答出来，而自己比不上其他同学时，他心里的自卑又会升起。

此外，写作业的时候，他发现花费的时间越来越多，正确率却没有提升，反而开始下降。

造成这些现象的第一个原因，是他听课的效率下降。听课对于鹏宇同学来讲不是获取知识，而是证明自己的存在，证明自己有着与其他同学不一样的思维方式。

造成这些现象的第二个原因，是他开始步入青春期。他的身体以及心理开始发育，开始能够意识到自我，只是这个自我意识的萌醒没能受到正确的指引，导致他过于关注自己，把自己包裹在"自我世界"里了。

这样的心境也让他的学习成绩开始下滑。读初一的时候，他的学习成绩已经不再像五年级之前那么优秀了，他明显地感觉到了吃力。

他也能意识到这一点：自己表面上在努力地学习，但心思根本没有放在学习这件事上。

如何才能跟以前一样，以一种开放的姿态去面对当下的一切？他不能解决这个问题，周围也没能有人给他一个答案。

从鹏宇同学的经历来看，造成他的学习吃力的原因，不是他的学习能力出了问题，也不完全是他的学习方式出了问题（当然，也跟他当下的学习方式有关，他当下的学习方式依然是原生态的，不能跟他当下的年龄和知识能力相匹配），而是进入青春期的他，缺少精神上的引领，没能更好地觉知自我。

青春期是一个孩子在思想上逐步走向成熟的过程，是他的世界观、人生观、价值观逐步形成的过程。我常常跟学生讲：今天所有的学习，都是为了让我们看清真相——看清这个世界的真相，看清这个社会的真相，看清人生的真相。唯有看清真相，才能拥有相对成熟的世界观、人生观以及价值观，才能成长为一个有价值的人，一个有用的人。

但事实上，大多孩子都是在摸着黑往前走，跌跌撞撞地走完自己的青春期。不是他没有能力把当下这个阶段最重要的事情做好，而是源自本能的冲动让他无法驾驭自己，无法让自己去做最应该做的事情。

运气好一些的孩子能走出来，这个运气源于他的父母，或是其他的灵魂导师，给了他应有的支持，也可能是源于他自己在成长过程中的阅读与思考。

但大多数孩子并没有这么好的运气，尤其是那些性格内向的孩子，因为无法自己参悟，又得不到父母的支持，囿于性格不能向外求索，可能就会在这个过程中封闭自己。他们没有意识到，自己当下的一切疑惑都已经有了答案，这些答案或在师长那里，或在书本上；他们没有意识到，任何一个人在认知上都是有局限的，即使穷尽所有的智慧，也不能把全部的问题想明白。

他也没有意识到,自己必须从外界探索新的知识,吸纳新的方法,不能把自己锁在一个小小的世界里。

很多对学习缺乏热情的孩子,之所以随波逐流、缺乏主见、自我封闭,是因为他们在心理层面的问题是多方面的,这也需要我们老师和家长多理解,多关怀。

课前预习为何没有想象中有用

我来讲讲欣怡同学的故事吧。

在很多人的眼睛里,欣怡是一个一丝不苟的人,无论做人,还是做事。

若是上课笔记没有记全,尽管可以去找欣怡同学。她的课堂笔记记得比老师的板书还要漂亮,大标题、小标题,重点、次重点,图形、表格等分门别类,各种颜色标注,条理明晰,清爽明朗。

在学习新的内容之前,她往往会提前进行预习,把老师要讲的内容按照先后顺序完整地阅读。在阅读过程中,她会拿出笔和纸进行标记以及摘录,还会结合教科书的要求,对相关的问题进行解决。

不过,随着年级的增长,她变得不再那么用力了,因为预习这件事,并没有给欣怡带来她所想要的结果。

她很清楚，自己因为预习的习惯而在学习上有所收获，包括知识理解能力、解题能力、考试分数等都有一些提升；她能够意识到，预习这个习惯会让她接下来的学习变得顺畅起来，但她还是觉得不满足——因为她没有看到她所期待的大的变化。

"食之无味，弃之可惜"这八个字正是她面对课前预习这件事的内心写照。

带着"情绪"预习

在面对预习这件事的时候，她是有"情绪"的。她有时候会怀疑课前预习的价值，以至于虽然在预习，脑袋里却满是抱怨，甚至是一种愤恨，恨自己为什么要花这么多时间做这件事情。这样矛盾的心理，会让她整个人变得"空落落"起来，她不由自主地开始发呆——盯着眼前的教科书和笔记本，身体一动不动。

她的心里有一百个不愿意，不愿意去做那些所有人都认为应该做的事，比如读一读、写一写。她感觉自己的身体和思想都变得轻飘飘的，她开始无法驾驭自己的头脑，无法让自己理智起来。她知道这样不好，但又不想从其中走出来，因为她不知道走出来之后还能做什么。她的大脑开始发涨，开始疼痛，这个疼痛、不适不是身体上的疼痛，而是一种源自精神上不够自由的疼痛。被困其中，又不能挣脱，自己限制了自己。

她发现，预习并没有让她在学习上有巨大的变化，甚至有时候，不预习可能还会好一些，因为完全不预习，会让她在听讲的时候有新鲜感，她的大脑会兴奋起来、活跃起来，听课时能收获到更多的知识。

然而，完全不去做预习，她又做不到，她无法允许自己逃离原来一直遵循着的路径。她希望一切都是确定的，在听课之前，能确定地知道老师即将要讲的东西。对于不确定的事情，她的内心是恐惧的，总害怕自己会丢掉一些什么。

为什么有的学生看似认真，却是"无效预习"

一直以来所接受的教育告诉欣怡，不能耍小聪明，不能钻空子，要踏实做人，认真做事。所以，即便她对自己预习的方法有怀疑，她还是要求自己主动地预习，尽管会有一些不情愿，有点小情绪。在整个预习过程中，她是认真的，虽然这个认真并不能换得大发展、大成长。

她会认真地阅读课本上的知识以及题目，试着解决问题。对于其中的关键性知识，她还会进行标注，甚至记录到自己的笔记本上。对于其中涉及的题目，她甚至会自己先行解决，而后再看自己的答案跟标准答案之间是否有差别——若是有差别，她会要求自己对正确答案进行阅读，并对自己原有的答案进行修正。当然，她也会把这些都写在自己准备好的错题本上。

课堂上,当老师向她发问的时候,她往往都能回答得头头是道,但总会有一些瑕疵。老师能明显地感觉到,这个瑕疵就是她不能在学习上更进一步的根本原因。

知识的学习,分为了解、理解、掌握、运用四个层次。

所谓了解,就是"知道了,哦!还有这个,还能是这个样子"。

所谓理解,是说能把当下所学习的知识跟自己之前的经验或见识连接起来了。

所谓掌握,是说能把握规律了,能明确自己确实领会了这个知识点。

所谓运用,是说能用自己所把握的规律解决问题了,能举一反三了。

当老师就课本上的知识、题目向她发问的时候,更想了解她对这些知识的理解,但她只是把自己所看到的,原原本本地呈现给老师,老师没有看到她对知识有进一步的思考。

也就是说,她在对课本进行预习的时候,更多时候只是阅读了一遍,这样的预习只是走马观花,有跟没有似乎没有区别。若是完全不预习,当老师们去讲这些知识以及题目的时候,她还能有一些新鲜感。这也是之前欣怡同学的真实感受。

预习对听课是有帮助的,但这个帮助是有限的,她并没有带着自己的理解去与老师进行碰撞，而只是追随。结果是，她的课堂效率并不高。

我在当老师的10多年中发现，严格意义上来说，上课听讲的过程应该是老师和学生沟通的过程，是老师对知识的理解与学生在思维上进行碰撞。

上课前如果没有进行预习，可能会导致你在课堂上两眼一抹黑，老师把你带到哪里算哪里。如果上课前只是对这些知识有了接触，但仅仅停留在"了解"的层面上，往往会导致对老师所讲解的内容产生轻视，觉得"老师讲的我都懂了"。

知识的学习，是从简单到复杂的过程。老师上课所讲解的内容，一定是从简单出发，通过对简单的问题进行多层次的阐述，将简单问题演化成复杂问题，这样，学生以后才能解开复杂问题。

有的同学，因为课前预习过课本，总觉得自己什么都懂了，但在预习的时候又没有进行深度思考，导致自己上课时，对老师所讲解的问题满不在乎，觉得"这些问题太简单了，我只想听更高深、更复杂的问题"。然而，所有复杂问题都是由简单的问题组成的，忽略简单的问题，必然会导致对复杂问题无法把握。

预习的目的：带着问题去听课

如果你是一名学习成绩一般的孩子，你应该如何预习呢？

你应该带着这样的一些问题去预习：

1. 教材上有什么知识点？

2. 这些知识点具体是怎样的？

3. 都有什么例题？这些例题能不能看懂，能不能做出来？

4. 为什么要学习这个知识点？这个知识点是如何产生的？这个知识点又是如何解决问题的？

5. 在实际解决的时候应该遵循怎样的理论指导、方法路径？

任何知识的学习都是为了能够解决问题。学知识就是学思想、学方法、找工具。解决问题的过程是秉承思想、借助方法、拿着工具去实操的过程。

但思想、方法以及工具本身并非凭空出现的，它一定是从简单出发，通过不断地迭代升级，最终以知识的形式进行呈现。所以，想要掌握一个知识，需要从知识的三个维度进行审视——分别是知识的思想性、方法性、工具性。从思想出发，由思想生发出方法，借由方法，对已有的知识进行整合，最终形成知识。已有知识可以充当我们的工具，最终形成的知识，将会成为下一个知识形成过程中的工具。

所以，在预习之前，我们需要从思想性、方法性、工具性这三个维度对即将学的内容进行解构。

第一是思想层面的。

为什么要学习这些知识？因为怎样的现实需求或是理论需求，我们必须学习这个知识？ 为什么产生了以这样的方式解决问题的想法？

第二是方法层面的。

从解决问题的角度去审视，我们是如何得出解决某个问题的具体方法的，这个方法的逻辑是什么，目标又是什么，这个方法在逻辑推演过程中的关键节点是什么，推演过程中又借助了怎样的思路？

第三是工具层面的。

在借助方法对问题进行推演的过程中，使用了哪些知识作为解决当下这个问题的工具？最终所得到的这个知识，作为工具能解决哪些问题？这些问题都具有哪些特征？在实际解决问题的过程中，要秉承怎样的想法才能更好地利用这个工具？

当我们从这三个维度对即将所学习的内容进行审视的时候，问题就会多起来，疑惑必然也会多起来，这个时候要做的，就是把这些问题进行整理，而后带着这些问题去听课。

很多同学不是不想带着问题去听课，而是在预习的过程中不能发现问题。他没有拿着思想性、方法性、工具性这三个维度，对所学习的知识进行解构。课本上的知识，从形式来看往往是简单的，如果不从思想性、方法性、工具性这三个维度进行审视，就很难从中发现这些简单背后所蕴藏的更深层次的规律。

预习的过程是为知识学习做铺垫的过程，是对简单问题进行深度学习的过程，我们要从以上三个维度，对其进行解构，使其复杂化。在复杂化的过程中，我们必然会遇到各种各样的问题，带着这些问题去听课，你才能豁然开朗。

如何听课：认真听课，但解题效率不高怎么办

为什么有的人认真听课，听完却很快忘了

一个人解决问题的本领从哪里来？

第一种：自己悟出来的。只需要让他看见，他就能从中看出问题的本质，这样的人往往被称为天才。他们天然地具备一种本领，能够从自己的经历、经验和思维出发，拆解当下遇到的问题。

第二种：因为机缘巧合，他开窍了，能像天才那样，对当下遇到的问题进行拆解。在这个过程中，他依然会像天才那样，从自己的经历、经验和思维出发。不过，在开窍之前，他需要得到外部的支持。

第三种：因为他人的引导、演示以及强调，他知道了，而后他开始进行自我训练，直至能完全把握。

在这里对"开窍"做一个简要的描述。所谓开窍，是指一个人开始有了方法意识，理解了观察与解决问题的思维方式。

一个学生之所以学习非常努力，却还是没有效果，往往说明他不属于天赋异禀的类型，解决问题的本领不能天然地获取，需要得到外界的支持。对他们而言，听课是获得外界支持最好的方式，因此，他的听课效率直接决定了他对知识的把握程度。

从理论上来讲，但凡能够把老师教的知识用上，在平时做题和考试中就能够解决大多数问题。以在学校的考试为例，每次考试结束的时候，老师们都会站在讲台上痛心疾首地跟学生们讲这样一句话："大家好好看看试卷上的题目，有哪一个是我没有讲过的？！"尤其是学习成绩不上不下的学生，更容易出现类似的情况。他们看着试卷上的题目，重新翻开自己之前的笔记，就会发现，这些都是老师讲过的题目。然而，到了下次考试，他们依旧如故。

很多年前，我刚刚当教师的时候，当时的老领导给我们这些新教师讲过一段话："老师们，你们在将来开始教学的时候，千万不要忘记这样一个事实：我们的学生在面对我们在课上所讲解的知识以及题目的时候，很难做到举一反三，很多时候他们连'举一反一'都做不到。今天你在课堂上讲了一个知识点，结合这个知识点举了相关的例题，把这个例题从头到尾详细地做了讲解，一周之后，你一定会发现班级里面只有一半的学生还知道这道题该怎样解；一个月之后，你一定会发现，班级里面只有20%的学生还记得这道题该怎样解。"

当然，这个现象首先要从教师的教学开始解决，一个老师若能看到这个现象，并调整自己的教学方式以及训练手法，就能从很大程度上解决这个问题。但更重要的是，学生应该自己意识到这个问题，调整自己的学习方式，更好地避免这种现象。

那么，在老师讲解知识点时，我们应当如何调整自己的学习方式呢？

回到前面的场景当中：为什么有20%的学生能明晰老师在之前课堂上讲解的内容？这也就意味着，这部分学生在班级里面成绩应该是很不错的，不属于"中等生"范畴。而那些学习处于中游的学生，老师讲解的相关知识和题目，在一个月之后，往往会统统忘记。

为什么很多孩子学不进去？因为他们解决问题的能力本身就是从课堂而来的，但好不容易在课堂上获得了这些能力，在一个月之后又会还给老师。他们每天都在学习本领，每节课都能学到本领，但他们一边学习，一边遗忘，在开始做试卷的时候，自然无法解决问题。

这些学生是如何听课的呢？他们听课时，最大的特征即是紧紧地跟随。老师走到哪儿，他们会紧紧地跟着老师走到哪儿，生怕跟丢了。很多时候，他们还会遇到听讲与记笔记之间的矛盾——若是紧紧跟随老师的讲解，就没有时间做笔记了；若是想把笔记记全，课又跟不上了。所以，每当有学生或是家长问及我这个问题的时候，我都会给出一个判断：这个学生在班级里面，学习的水平应该处于中间层次。

他们这种听课的状态，又说明了他们非常希望自己能学好，他们面对学习的态度是没有问题的。

学习态度决定听课的结果

很多拼命学习，却又无法取得好成绩的学生总是会有些牢骚：有些同学学习成绩特别好，但他们好像根本没有认真地预习，上课时也没有像自己那样积极地听讲，甚至在听讲的时候还有一些漫不经心，可是为什么他们在考试时那么轻松呢？有时候，在老师提出了一个有难度的问题，其他同学还在结合老师的讲解进行分析的时候，成绩特别好的学生已经给出答案了。

为什么他们看上去并没有那么认真地听老师讲课，却能迅速掌握老师所讲的关键要点，并且快速解答问题呢？

之所以产生这样的差异，是因为那些擅长学习的学生比其他学生更会听课。在这里，我用了一个字："会"。"会听课"的意思是，不只是用耳朵在听，用笔在记，而是有章法地去听。而很多拼命努力却处于中间水平的孩子，在听课的时候看似认真，却往往是没有章法的。

态度很重要，因为态度不认真，就不会找到适合自己的学习方法，那么极大可能会沦为"吊车尾"；态度认真，但是没有掌握好的学习方法，大部分都是"中等水平"；态度认真，并且有更好的方法，才能成为学习优异的学生。有态度、有方法、有素养，一定能够从优秀走向卓越。

什么叫学习态度？在这里，我想讲讲盘古开天辟地的故事。

很久很久以前，天和地还没有分开，宇宙混沌一片，像个大鸡蛋。有个叫盘古的巨人，在混沌之中睡了一万八千年。

有一天，盘古醒来了，睁眼一看，周围黑乎乎一片，什么也看不见。他一使劲翻身坐了起来，只听咔嚓一声，"大鸡蛋"裂开了一条缝，一丝微光透了进来。巨人见身边有一把斧头，就拿起斧头，对着眼前的黑暗劈过去，只听见一声巨响，"大鸡蛋"碎了。轻而清的东西，缓缓上升，变成了天；重而浊的东西，慢慢下降，变成了地。

——选自人教版部编教材

一开始，盘古处于一片混沌之中，眼前一片漆黑，什么也看不见，分不清上下左右、东西南北，不知道自己在哪里。这个时候，盘古想要让自己从混沌之中走出来需要怎么办？

盘古这个时候需要的不是方法，而是态度。

苏醒之后的盘古有一种源自本能的冲动，非常强烈的冲动，那就是：走出混沌，走向光明。这个时候，盘古开始晃动自己的身体，因为晃动，天地开始有了裂缝。对于盘古来讲，要想走出混沌，走向光明，首先要做的事便是让自己的身体动起来。

所以，当学习一直处于下游的学生向我咨询如何有效学习的时候，我给予他的不是方法，而是态度。我会问他：你要不要解决当下这个问题？你有多么想要解决当下这个问题？我现在给你指明一个方向，你能使出多大的力气去做这件事，你能让自己坚持多长时间去做这件事情？

有了态度，开始用力做事，这件事就有了开始，有了雏形。就好比我们建一栋大楼，态度是地基，是做成事的必要条件。

而当一件事有了雏形的时候，想要把这件事再往前推进一步，需要的就不仅仅是态度了，此时，我们需要结合一些技巧和方法，进行精进。

继续回到盘古开天辟地这个故事。

天和地分开后，盘古怕它们还会合在一起，就头顶天，脚踏地，站在天地当中，随着它们的变化而变化。天每天升高一丈，地每天加厚一丈，盘古的身体也跟着长高。

这样过了一万八千年，天升得高极了，地变得厚极了。盘古这个巍峨的巨人就像一根柱子，撑在天和地之间，不让它们重新合拢。又不知过了多少年，天和地终于成形了，盘古也精疲力竭，累得倒下了。

——选自人教版部编教材

当盘古看见光明之后，他想要创造天地、创造万物。但创造天地和万物不是盘古一厢情愿就能实现的，还须借助具体的方式，所以，盘古想了各种各样的方法，促成了天地万物的生成。在这个阶段，盘古在做事的时候不再只是使蛮力，而是讲方法、讲策略了。

盘古倒下以后，他的身体发生了巨大的变化。他呼出的气息变成了四季的风和飘动的云；他发出的声音化作了隆隆的雷声；他的左眼变成了太阳，照耀大地，他的右眼变成了月亮，给夜晚带来光明；他的肌肤变成了辽阔的大地；他的四肢和躯干变成了大地的四极和五方的名山；他的血液变成了奔流不息的江河；他的汗毛变成了茂盛的花草树木；他的汗水变成了滋润万物的雨露……

人类的老祖宗盘古，用他的整个身体创造了美丽的宇宙。

——选自人教版部编教材

但讲方法、讲策略并不能造就盘古的伟大，之后盘古做了一件更重要的事情，这件事成就了他的伟大——他把自己化成了天地万物。从小我走向大我，从大我走向无我，这便是我在前面所讲的，一个卓越的人所具备的关键素养。

如何让自己听课效率更高

在这些年的教育研究过程中,我不断地跟那些学习成绩处于中间水平的孩子传达一个理念:学习是需要效率的,尤其是在你希望自己成为学霸的时候。

有效的听课,不是努力地跟着老师的讲解往前走。如果你在听课的过程中完全不加入自己的思考,虽然也会获得一定的知识,但这只是形式上的获得,不能进入头脑中,自然无法形成自己的解题思路。

学习的目的,是通过对有限知识的学习扩充自己的知识储备,提升自己的认知水平,形成自己的思维方式。上课听讲即是借助老师对问题的观察、分析、判断以及解决问题的过程,提升自己的认知水平。如果你把听讲理解为单纯地学会了一个知识点,或者学会解一道题,那这就属于"无效听课"。

一个人在做一件事时的态度、方法、专注点以及思维方式,决定了他会取得怎样的结果。关注什么,思维重心就在哪里,随之而来的结果也会发生变化。如果你调整关注点,转换视角,带着问题,以"审视"的方式去听课,那么你听课的效率自然会大幅度提高。

当你开始关注自己的认知模式、思维方式后,你就不会纠结老师在黑板上所书写的那些步骤和知识点有没有记录在笔记本上了。这个时候,你更多的注意力会放在以下问题上:

1.老师是从这个问题的哪个点开始阐述这个问题的？他借助了怎样的示例来说明这个问题？为什么要用这个示例，好处在哪里？这属于思想范畴。

2.老师是以怎样的形式以及逻辑进行这个问题的呈现的，这个问题解决的阶段性目标以及总目标是如何进行设定的？这属于方法范畴。

3.在实际解决问题的过程中，老师都使用了哪些知识？这些知识分别是解题的哪个阶段需要的？在使用的时候都有怎样的注意事项？这属于工具范畴。

从以上三个维度，对老师所讲解的内容进行解构，可以促使自己在上课的过程中始终处于深度思考的状态。对刚刚提出的问题，首先试着给出自己的答案；对于不能给出答案的，在老师进行讲解的时候要多加注意。

现在，我们不难理解为什么那些学习成绩好的同学会看起来漫不经心了。他不是真的漫不经心，而是老师对于知识的讲解都在他的预判当中，他在拿着自己的分析与老师的讲解进行比对。当自己的分析与老师的讲解有差别时，他会抬起头认真地听老师讲解，也会低头写东西——他写的并非老师在黑板上的板书，而是将一些关键词、关键思路记录下来。

这个时候，又给了我们一个启示：上课的过程中，不仅要学会从思想性、方法性以及工具性三个维度对老师的讲解进行分析和拆解，还应该及时纠正自己的认知：

哪些是老师讲到而你之前没有考虑到的？

老师说的哪些关键信息、关键词，让你在解题时恍然大悟？

我们要把这些关键信息和词语记录下来。

记录很重要，但最重要的，是通过这些记录不断审视自己，优化自己的解题思路。因为你记录下来的东西，会趁你不注意的时候从你的记忆中悄然离去，我们需要在课后专门找时间好好思考。让新的思路彻底成为我们的认知方式，将它用在解题的过程中。

思维过程放大化

接下来我们所需要做的事情，我称之为思维过程放大化。

思维过程放大化的过程是这样的：

第一步：你在哪个知识点上发生了认知上的变化？

第二步：关于这个知识点，你原先的理解是什么？

第三步：关于这个知识点，正确的理解是什么？

第四步：老师给了你怎样的指导，让你的理解发生了变化？

第五步：怎样确保以后遇到相关的知识点和题目时有正确的想法和思路？

第六步：把你的想法进行实践，变成方法。

第七步：把这个方法用在实际的解题过程中，测试这个方法是否合理，并再次优化。

我们需要始终记得：上课听讲，首先要解决的是升级自己的认知，带着问题去听讲，其次才是学习老师所讲的知识和解题思路，最后才是记录在笔记本上的那些重点和难点。

为什么有的人越学越跟不上

见到佳慧同学的时候,她在读高一。

在我看来,佳慧同学是一个有想法、有独立见解的学生,兴趣爱好也比较广泛。她把课余时间拿来发展兴趣爱好,也并不影响学习节奏。例如,课前预习、课后写作业都没有落下,学习成绩也一直比较靠前,她考上了重点中学。

上高中前,她听说高中的学习生活大体是这样的:老师讲课节奏比较快,对学生个人的管理相对宽松,更多的是需要学生自律学习。初中的时候,老师跟家长都管得比较严,一切听他们安排。现在时间由自己管理,学习由自己安排。对此,她非常憧憬,认为这是自己理想的校园生活。

高一开学第一个月,她遵循以前的学习模式:课前预习,认真听讲，在回家之前把作业做完。

老师们的教学理念比较开放，对学生更加包容，留的作业也不多。老师们认为，作业不在多，而在精，把课听好，把作业做好，就可以确保将来考上理想的大学。这让佳慧同学感受到了高中学习的美好。

但好景不长，佳慧同学渐渐地发现，高中生活并非之前所想象的那样理想。

高一第二个月，佳慧发现上课能听懂老师的讲解，但是写课后作业的时候，效率并不理想，甚至感觉力不从心。最明显的表现是，写作业的时间大幅度增加，有些题要花费将近一个小时，才能勉强做出来。

让她最先感觉不适应的学科是物理，然后是数学、地理、历史。

佳慧同学对自己的学习能力很自信。初中的时候，但凡上课能听懂，课后作业都能很快解决。即便是一些难度很高的问题，也就花上半个多小时。现在不说高难度习题，即便是那些比较简单的题目，也需要花费近20分钟才能完成。

写作业的效率下降了，要想把作业写完，就得延长时间。所以，佳慧同学每天睡得很晚。睡眠不足，又会导致第二天精神状态欠佳，影响学习状态。这种状况持续了好几个月，让佳慧感觉身心疲惫，感觉像是回到了中考备考的日子。

让佳慧同学感觉更为不适的是在课堂上。虽然佳慧同学能听懂老师讲解的内容，但与一些同学有着明显的差别。例如，老师讲完一个知识点后提出一个问题，她还没有想法的时候，有些同学就已经把答案报了出来。

这样的情况多次出现，让佳慧同学对自己的学习能力不自信了，她开始觉得是不是自己不够聪明。

佳慧同学给我讲这些事情的时候，像是自言自语，表情显得有些阴郁，很失落。曾经的学霸，到现如今班级里面的"中等生"，这是佳慧同学所不能接受的。

有的时候，佳慧同学会想，要不要放弃自己的兴趣爱好，拿出更多的时间来学习文化课，但她也意识到问题的根源不在于时间。

"有没有一种被捉弄的感觉？是不是觉得无能为力？"我这样问佳慧同学。

我们经常有这样的困惑。

从自己以往的经验出发，结合目前的能力，觉得做某件事情应该没有难度，完全能成功。周围的人也都相信自己能成功，但只有实际做这件事的时候才发现做不好。别人可能觉得是你一时大意或者失误，可只有自己知道，即使拿出十二分的实力，也难以成功。

对于高中文化课的学习，佳慧同学就有这样的困惑。她想要往前走，却举步维艰；周围的人很看好她，成绩却有负众望。这使得她一度有点抑郁。

我常常这样跟学生描述小学、初中以及高中学习方式与成绩的关系。

小学的时候，你只需要听课，把课后作业写了，成绩就不会差。若是能积极参与到课堂当中，再多些练习，一定可以取得优异的成绩。只要心智不差，仅凭课堂听讲，也能学得不错。

初中的时候，你需要认真听讲，认真写作业。此外，你还须多一些努力，学习成绩才会比较理想。若是能多一些有效的学习方法，学习成绩就会很优异。个别聪慧的同学，只需要做好常规的课前预习，上课认真听讲，课后作业认真完成，就能取得理想的结果。

到了高中，课前预习，上课听讲，课后写作业，这些你都做了，甚至很努力地去做了，但依然不能确保学习的效果。

随着学业年级升高，知识学习的重点也会发生变化。

前面我们讲过知识的三重属性，分别是知识的工具性、方法性以及思想性。小学阶段的知识学习侧重知识的工具性，初中阶段侧重知识的方法性，高中阶段则侧重知识的思想性。不同阶段的知识学习重点不同，那么学习方式也应该不同。

佳慧同学之所以会在高中阶段遭遇困境，是因为她没有意识到，高中知识学习的重心发生了偏移，而她的学习方式没有相应改变。

读小学的时候，只要知道知识点就可以解决问题；若是能做到对知识点的熟练掌握，就能高效地解决问题。这里的"知道"指的是将知识作为工具，你知道这个工具能解决什么问题。

读初中的时候，需要严格按照流程的要求才可以解决问题。解决问题之前，若是能透彻掌握流程，并关注到流程的细节，便能比较顺畅地解决问题。若是对流程中所要用到的知识很熟练，就能高效地解决问题。这里"严格按照流程"指的是按照解决问题所需要遵循的方法。例如，解析某道题目，按照老师讲的步骤和理论，按部就班，一步步推导就能完成。

但高中的知识学习，更加复杂。首先，我们要了解知识点，将题目的问题与所学的知识点衔接起来。其次，要找到问题的核心点，将知识点推导、灵活运用到解题当中来。再次，要找到解题的切入点。最后，从切入点着手，运用知识点推导出核心问题的答案。总的来说，这是一个立体的流程，掌握知识点没有用，得举一反三，将知识灵活运用到实际解题当中才行。以往按部就班的解题模式并没有什么用，可能切入点都找不到，怎么去按部就班地解题？

与佳慧同学有类似困境的同学，一般是在刚进入高中的时候就觉得学习吃力，因为方式不对。他们习惯了学习知识点，用知识点按照程序去解题，这里存在两个主要问题。其一，知识点的理论，应用非常广泛。老师讲了理论知识，也举例讲了理论的运用，但是不可能将运用方式讲全，也讲不全。不同的题对理论知识的运用千变万化，只掌握一个理论知识，应对不了复杂的解题需要。其二，解题方式方法也是复杂的。这不仅要求学生掌握理论知识，还得遵循一定的解题逻辑来运用这些理论知识。就像各式各样的积木，老师只能教会你怎么搭积木，不可能教会你怎么去搭一座城堡。就算教了城堡怎么搭，考的就一定是搭城堡吗？大概率不是的。

不仅如此，随着高中学习的深入，要求学生掌握的理论知识越来越多，要面对的题也会越来越复杂。很多题会需要多个知识点的综合运用，一些题可能需要十几个步骤才能解决，甚至更多。这让本来就学习吃力的同学更感到雪上加霜。

那么怎么应对？需要掌握两个要领。

1.熟练掌握理论知识，不仅要知其然，还要知其所以然。这样不论题怎么变换，都能高效地找出问题的核心。核心问题找到了，解题就容易了。

2.改变学习思想，不是一招鲜吃遍天，对知识点要学会统筹分析，立体运用，还要具有一定的发散思维。多数题都不是考单一的知识点，而是考多个知识点的综合运用。

第二部分 **2**

挖掘学习无法开窍的根源

人与人之间是存在差异的

我们必须承认，在学习知识这件事情上，人与人之间是存在差异的。

同样一堂课，我们认真听了，身边的同学也认真听了，听完之后，大家都说听懂了。而后，老师出了一份卷子，我们花了30分钟做完，考了85分，而身边的同学花了不到15分钟就做完了，还考了满分。

同样一篇文章，我们读了三遍才明白这篇文章说的是什么，而身边的同学看了一遍就明白了。然后，我们花了20分钟甚至更长的时间才把这篇文章磕磕巴巴地背诵下来，而身边的同学仅仅花了10分钟就把这篇文章背诵下来了，而且非常流利。

当我们开始看见这些现象，意识到差距之后会怎样？

"为什么？为什么他比我考的分数高？为什么他的速度比我快？为

什么他比我背得流利？"

"我是不是不适合学习？我的脑子是不是不好使？我在学习这条路上是不是走不通？"

……

相信还会有比这更多的负面信息充斥在我们的头脑当中。

这个时候，我想跟大家说的是一个英文单词：stop！

停止自我批判，因为这些疑问对于解决问题无济于事。

我曾经的领导跟我讲过一段话："我希望你记住一句话：当你碰到一件很难的事情时，不要恐惧，你要做的是想办法解决它。你要从此开始相信，是问题就一定有解决的办法。你之所以现在不能解决它，是因为你还不能看清楚它。"

同样，我也把这一段话送给大家。

是问题就一定有解决的办法，现在要做的是直面这种差距，不退缩，不怀疑！

人与人是有差异的，而非人与人是有差距的。

所谓差异，是说这个世界上的每个人所擅长的点是不一样的。在同一个点上，因为擅长不同，人与人之间是存在差距的。

面对学习知识这件事上的差距，我们应该保持的理性是什么？

我也常对学生说这样一句话："什么叫作成熟？所谓成熟就是在看见差距之后能明白差距。"

每个人都有自己的特长。一个人上课听讲、考试拿分、阅读文章以及背诵课文很有效率，是不是等于做别的事也一定很有效率？

当我们能够看见他人的学习全貌的时候，也许就能明白他们也并非事事擅长，甚至在面对学习这件事情上也是如此。比如写作的时候，也许他们总也不能紧扣主题，不能妙笔生花。

我们不能管中窥豹，更不能以他人的优点、特长来否定自己。

当然，我们不能因为看见别人的不好而去沾沾自喜、扬扬自得："他也有不好的地方，我还以为他是全才呢！"

不以物喜，不以己悲。我们要学会接受他人比我们好的方面，要想着向他人学习，拿着"习得"这样的观念去面对。

我想分享给大家一段话："我举起望远镜，望向全世界，我发现没有一个竞争对手，全是我要学习的榜样！"

同样，在我们看到与别人之间的差距的时候，也请把这句话读上几遍，不要自我怀疑，不要自我否定。

差异会体现在哪些方面

学习知识所需要的能力分为两种：一是硬件意义上的能力，比如理解力、记忆力；二是软件意义上的能力，比如勤奋、专注。

所谓硬件意义上的能力，很多时候似乎是与生俱来的。

当有一个数学题目搞不清楚应该怎样解决的时候，我们去请教同学。同学在看完这道题之后，说："这道题不是很难。不是有这个条件吗，三角形 ABC 的周长是不变的，是 18，同时 B、C 这两个点是定点，结合另一个条件可以确定 BC 这条线段的长度是 8，所以说 A 这个动点到 B、C 这两个定点的距离的和是 10。而后结合椭圆的定义，一个动点到两个定点的距离的和为定值的点的集合，在这个距离的和大于两个定点的距离的时候，是椭圆。我们从这个点出发，而后开始……"

不用同学把这个问题讲完，只需要让我们明白那个动点形成了椭圆，那我们自己就能把它解决了。

这个时候，如果是一个有心人，是一个懂得如何学习的人，会就此打住，回去自己做这道题。这个时候，你可能会问同学这样一句话："你是怎么从题目当中的那个条件出发，想着要结合椭圆的定义来判定A那个点的轨迹是椭圆的？"

其实，这个入手点我们是清楚的，只是需要在别人的提示之后才能看见这个点。我们缺的是如何做到没有他人的提示，也能想到要从这个点入手。

所以，这个问题问得特别好，毕竟授人以鱼不如授人以渔。

但我估计，我们在听到其他同学的回答之后会郁闷。同学可能会说："读题的时候就看见了，就觉得这个条件特别重要，然后就从这个点开始往前想了一下，就做出来了。"

我们在读题的时候，也看见那个条件了，但当时没觉得它有多重要，所以就没有从那个点出发往下想。

这个时候，如果是一个更有心的人，知道向人学习要学什么的人，应该在这个点上继续问一个极其重要的问题："你当时为什么觉得那个条件极为重要？"

大多数同学在听到这个问题之后，会有怎样的回答？我想，他们的回答往往是这样的："也不为什么，我在一看到它的时候就觉得它很重要。"

同样的现象也会发生在需要背诵的内容上。其他同学背诵一篇文章仅需要20分钟，而我们往往需要将近40分钟，甚至1小时。当我们向他讨教方法的时候，他给我们的往往也是上面类似的答复。

所谓软件意义上的能力，很多时候似乎也是与生俱来的。

墨耘同学当时读高三。某一个周末，我在办公的时候，她一个人走了进来。

"老师，我现在读高三，可不知道为什么，我的数学在进入高三之后总是只能考到105分左右。我已经想了很多办法，包括向那些分数比我高的同学请教。上课的时候，老师讲解的那些知识、方法，包括题目，我都能听懂。下课之后，我把该写的作业也都写了，我还把课余时间以及周末时间都用在了做题上，可是每一次考试，分数还是丝毫没有改变。

"针对我现在的状况，您觉得我应该怎么办？能不能给我提一些建议，或是我想请您给我上几堂数学课。这样的话，您对我的情况会了解更多一些。再有就是，我把我最近的考试卷子以及做过的题目也都带过来了，您能否帮我看看？"

一个老师碰到这样一个积极向上、勤于学习的学生，听到如此恳切的请求，看到为了得到支持而做的充分准备，会有怎样的反应？

我当时一下子就来了兴致，特别想了解这个孩子的情况，特别想帮到她。

在看完她的考试卷子以及她之前做过的那些题目之后，我又口头考查了她一些数学问题。而后我跟她谈了我对她在数学学习上的建议，包括具体的做法。

听完我的建议以及要求之后,她问我:"老师,您认为我需要在多长时间内把您说的这些做完?"

"两个月吧,如果能在两个月之内保质保量地按照我的这些建议以及要求去做,你的数学成绩完全可以保持在135分以上。"我跟她说。

"老师,您放心,接下来两个月,我一定能做到。两个月之后,我跟您汇报我的学习结果以及我的感受。"

无论哪个老师,如果遇到这样的学生,都会特别欣喜,特别愿意跟这样的学生多一些接触。

跟墨耘接触多了,对她的了解也开始多了起来。

墨耘的爸爸妈妈是双职工。爸爸在一个研究所工作,科研任务非常重,墨耘从小到大爸爸几乎没有关注过她的学习。妈妈在印刷厂工作,主要负责试卷印刷,出于保密要求,每年至少有三个月的时间不能跟家人有任何接触。总之,从小到大,爸爸妈妈几乎都没有过问过她的学习。

墨耘说,有一段时间,她为了把物理这门学科搞明白,就开始没日没夜地学物理,结果,有一天到凌晨3点多还没睡觉。读到这里,无论你是学生,还是父母,我相信大家一定都会敬佩墨耘。

做父母的会想,自己要是有这样的孩子该多好,不用每天和孩子在学习这件事上较劲了,不用每天因为孩子的学习而感到焦虑了。

做学生的会想，这个小姐姐太厉害了，她究竟是怎样做到对学习这件事如此上心的？她究竟在学习这件事上找到什么乐趣了？

当我拿着上面这些问题问她的时候，她说："也没什么，就是每当学习的时候，就特别充实，觉得挺有意思，挺好玩的。每当我把一个很难的问题解决掉的时候，就特有成就感。至于为什么会如此废寝忘食，我并没有觉得自己废寝忘食，只是觉得没有把这些问题解决就不舒服。也不是大家所说的刻苦，很多时候，我还是比较懒的。"

无论是硬件意义上的能力，还是软件意义上的能力，墨耘的这些回答对于我们来讲，似乎是没有价值的，甚至会影响我们对自己的判断。我们会开始觉得自己的头脑不够机敏，自己的学习能力天然不好。

我们是不是就只能这样了？

先天具备还是后天养成

在我们看来，有些同学的学习能力似乎是与生俱来的。他们在知识的理解上，"天然"地知道应该如何把握一个问题的关键点以及内在规律。

不过，当你看到这里的时候，我希望大家不要绝望，继续往下看，看看我是如何看待这些问题的。

高手往往分三种

第一种高手是，天生就知道为什么要做好学习这件事，知道如何把这件事做好，也就是我们刚刚所认为的那种。

我们的身边不一定存在这样的人，但在我们的成长过程中总能听到这样的人的存在。他们在学习这件事上好像"开挂"了一般。当我们还在阅读绘本，掰着指头数数字的时候，他们可能已经开始阅读大部头的书籍，开始跟大人讨论数学、物理问题了。当我们开始觉得阅读那么厚的书是一件多么令人挠头的差事，觉得那些数学练习题总也做不完的时候，他们已经开始通过书写来表达自己的思想，已经开始参加各种各样的竞赛，拿金奖了。他们似乎生来就具备这些能力，甚至不需要任何人的帮助。

当我们听到或有幸看到这样的人物时，总会把他们当成传奇，觉得这样的人距离我们很远，也从来没有想过拿自己跟他们进行比较。

第二种高手是，因为某种机缘巧合知道了为什么要做好学习这件事，知道了如何把学习这件事做好，也就是我们常常说的某个人在某个节点突然开窍了。

这样的人会经常在我们身边出现，稍加注意会发现，好像每年都有那么一两位同学。在那之前，他们很普通，要么是压根儿不学习，要么是总也学不好。但不知道从什么时候开始，他们好像换了个人一样，极其努力，废寝忘食，而且学习效率还特别高，好像之前所有的一切都是装的。

我们很多时候会好奇他们究竟遇见了什么，能让他们"开挂"。我们很羡慕他们今天做事的状态以及解决问题的效率，想知道自己该怎样才能跟他们一样开窍，但这样的机遇总也没能碰到。

第三种高手是，在成为高手之前知道了为什么要把学习这件事做好，知道了如何把这件事做好。

有一句话说得非常棒："读万卷书不如行万里路，行万里路不如阅人无数，阅人无数不如高人指路，高人指路不如自己去悟。"这个类别的高手在成长过程中因为外界的支持，或是父母，或是师长，或是同学，或是书籍，开始明晓学习这件事的价值与意义，开始懂得如何把学习这件事做好。

这个世界上生来就是高手和因为机缘巧合而开窍的高手占高手的总比率并不高，甚至可以说非常低。

我们始终需要相信：更多人是通过向他人学习而成为高手的。

人都不是全知全能的，每个人都存在认知的局限。在我们眼中的那些天才级别的高手、那些开了窍的高手也只是在当下你最为关心的知识学习上表现出了优势，但并非事事都能表现出优势。

一个人想要在这个世界上获得幸福，只有很强的知识学习能力是远远不够的。当你对学习知识这件事进行深入思考之后，就会发现我们当下所关注到的那些高手所具备的能力，并非彼此之间真正的差距。

我想在这里向大家传达一个信念：我们完全可以通过学习获得我们想要却一直都达不到的能力。因为成为高手所应具备的能力其实潜藏在你的身体内，只是你从来没有感觉到，没有去挖掘。

对于老师所讲解的内容，你是能理解的，只是理解的时间稍稍有点长，理解的深度不够；只是基于理解去解决问题的时候显得不够从容，不够完美，不够迅捷。

对于需要记忆的内容，你是能够记住的，只是记住的时间有点长，记忆在时限上（相隔一段时间后仍能进行复述）显得有点短，在若干时日之后需要再次呈现的时候记忆显得有些模糊，有些模棱两可。

你能按部就班地进行学习，在事情紧急的时候会用力，只是这种用力并不能成为常态。你对应该掌握的知识会用心去对待，但并不能坚持更长时间去研究，直至把握住知识的内核。

高手在做的事情，我们也在做，只是不能做到极致，原本我们具有成为高手的可能，但囿于不自知或不得法，我们没能让自己变成高手。

相信自己的"能"，才能将自己现在的"不能"转化成未来的"能"，这便是我们面对这件事的信念。

高手在做的，就是我们要学习的吗

很多学生并非不具备成为高手所需要的能力，只是不能将之发挥至极致。面对这样的状况，我常常喜欢用这样一句话来形容：不知道自己知道。

还记得小的时候学过苏轼的《题西林壁》：

横看成岭侧成峰，远近高低各不同。不识庐山真面目，只缘身在此山中。

有的学生在面对如何把学习知识这件事做好的时候，会深陷其中，不能站在更高的高度去审视自己的学习，导致一直在做，但总也不能得法。他们也梦想着有一天能成为高手，但能看见的只是高手在形式上所做的事，对于高手之所以能成为高手的内核无从把握，所以做了很多事，做了高手当下在形式上所做的事，但结果往往不能让自己如意。

不同层次向上成长的方式是不一样的。高手当下在做的事是他已经成为高手之后想要更进一步成长所做的事，而非他从一般水平成长为高手时做的事。

在上课听讲的时候，那些班级里面的高手总显得"云淡风轻"，总是能够手到擒来。很多时候，他都表现得似听非听，眼睛并没有像我们一样紧盯着老师，只是偶尔抬起头来看看老师，看看老师的板书，在自己的笔记本上写上几行。

当老师提出问题让大家回答的时候，那些高手在我们还没有思路的时候，就已经给出答案，而且这个答案得出的过程也会让老师惊艳：这个问题原来还可以这样处理。

在课后写作业的时候，我们才刚刚开始没多久，他们已经写完了，正确率还很高。

……

"高手们学习原来是这样的！"

我们常常觉得自己已经知道了那些高手成为高手的原因。他们上课的时候并没有特别关注老师的讲解，只是在听自己想要听的；他们在回答问题的时候，只是在用自己的方法而非老师的方法；他们在做作业的时候速度比较快，是因为他们之前做了很多题。

我们看到了，所以也按照我们看到的高手的方式开始学习。

上课听讲的时候也开始试着"云淡风轻"，不去特别关注老师的讲解，只是去听自己想听的。但结果并非我们所想象的那样，不仅仅是那些想听的没有听明白，那些我们认为不怎么重要的，不需要认真去听老师讲解的，也没有听明白。

在老师提出问题需要回答的时候，我们也想从自己的想法出发得到问题的解决之道，但结果往往是：要么没想法，压根儿下不了手；要么特别烦琐，远不如那些高手所呈现的条理明晰。

课余时间，我们拿出大把时间准备刷题，练习册准备了好几本，但往往花了好多时间也没能把其中一本写完，还耽误了写作业的时间。

……

不是不想成为高手，而是特别想要成为高手，也做了特别多的尝试与努力，但收效甚微。

问题出在哪里了？仅从形式出发，而不能从内核出发，最终只会"东施效颦"，看似做了高手做的事，但终因不适配而不能促进自己的成长。

真正优秀的学生在实际学习的时候，一定是有方法的，他总是在拿着理论去对自己的实践进行指导；他一定是有品质的，他总是能做到打得开，能做到下得去，能做到上得来；他一定是有素养的，他总是能让自己与对象合二为一。

只不过，他所采用的方法不适合我们。

他之所以能拿着理论去对自己的实践进行指导，是因为他的认知水平已经达到听完老师的讲解之后马上就能从中概括出这个问题的理论了。而我们在听完老师的讲解之后，只是有感觉了，而且这种感觉一不小心就会从大脑中消失。我们还需要在有感觉的基础上再多做一些工作，才能使得此时的感觉上升为理论，而后才有可能拿着理论指导自己的实践。

他之所以有品质，是因为他的世界观、人生观以及价值观已经趋于成熟，他很明确自己要什么，很明确自己怎么做才能实现目标以及未来的理想。所以他在面对自己的未来的时候能打得开，能张开双臂去拥抱生活与学习，不被当下所遇到的坎坷或失败所阻碍；他在面对当下的时候能下得来，能把心放在肚子里，把脚扎根于大地，能按部就班地去做简单而具体的事；他在面对自己身处的环境时能上得去，能看见别人，能从他人的眼睛去看世界，能在这个时候不忘自己应该做的事，能在正式场合表达严肃的问题同时保有一颗赤子之心。

而在我们的眼中，世界是混乱的，人生是混沌的，就像站在原野之上，眼前没有任何道路，我们不知道自己该走向何方，对未来的期许更像一种幻想，不敢去拥抱；在实际做事的时候总是患得患失，在做但没那么用力，总不能完全做完，总是行百里而半九十；在面对周围的人的时候，总是从自己出发去揣测，总显得有些冲动，有些纠结。

高手之所以是有素养的，是因为他的品质让他在实际做事的时候能做到全然进入，全情投入，所以他能进得去，出得来。而我们在做事的时候，因为品质不到位，只能看到事情本身，不能深入触摸事情的内核，更不能对事情本身进行俯视，不能看到事与事之间的联系，我们只去学习他们表面的行为，是没有意义的。

学习也是需要"学习"的

何为学习?

学习就是用他人优秀的、先进的理念、理论、方法、品质来武装自己头脑的过程。

向他人学习,是学习他人在这个世界上"行走"时所遵循的理念、理论、方法以及品质,而非他们做人或是做事的样子,也就是透过现象看本质。

上文中的经历,让我们发现那些高手其实只是做了对于他们来说正确的事。但对于中等生来说,要变成高手,要做的一定不全是高手正在做的事情。

不能跟那些已经成为高手的人做一样的事,尤其是形式上一样的事,那应该做些什么?

当我们在这个阶段的时候，可能会有人给我们提示，或者我们自己也可能会意识到，基本功很重要！

而基本功的获得需要我们勤奋做事。

我们开始相信勤奋可以帮助我们解决当下的困境。以前之所以不能成为高手，是因为我们只是看到学霸们做事"云淡风轻"的姿态，并没有把握其背后"无与伦比"的付出。

是的，我们在这个时候所意识到的这个道理非常棒！

一切荣光的背后，一定是"无与伦比"的付出。

当开始意识到这个道理之后，我们可能会开始努力说服自己，使自己换一种方式开始自己的学习生活。

飞凡是我见过的一个学生。

在以前的学习过程中，尤其是在初二之前，飞凡从来没有觉得学习是一件难事。无论是在课堂上听讲，还是在课后写作业，他都觉得不费劲。尽管自己的成绩也只是一般，但在那个时候的他看来，知识学习的目的不在考试拿高分，而是为了明白。

这样的想法有问题吗？

可以非常肯定地说，没有问题。若从非常"时髦"的角度来看，他的这个想法还是非常先进的，契合了对于学习，尤其是对于知识学习的真正意义。

进入初二之后，飞凡发现事情慢慢有了一些变化。在上课听讲的时候，他觉得自己明明是听懂了的，但对于老师提出的问题，开始感觉有点力不从心了，反应的速度也不如之前那样迅速了，尤其是与班级里那些学习高手相比，差距变得更加明显起来。

以前，在老师提出问题之后，他稍加思考就能够得出问题的答案，尽管不能像那些高手的速度一样快，但差距也并不大。若是时间再充足一点，他也能够提出更好的解法，尽管不像那些高手那样表现得条理明晰。但现在不一样了，他在课上解题花费的时间明显多了一些，那些高手已经快要写完答案或是回答到中后段的时候，他才意识到这个问题应该怎样解决，并且他想要提出自己的想法已经越来越困难了。

当意识到这些时，他开始观察那些学霸的特点，并结合自己的问题开始分析，最终得出一个结论：之前在学习的时候不够用力，不够认真，进而导致自己与他们的差距越来越大。

想到就开始去做。

飞凡对自己是负责的，他在面对成长这件事的时候，也是很有追求的。他开始给自己做规划。

首先是时间的分配。他把自己每天的休息时间压缩到6个小时，晚上要学习到12点，早上6点起床。甚至在起床之后到上学之前的这段时间，也被他用来背诵英语单词、古诗词等。

其次是自我激励。他每天都会花一点时间阅读一些励志类的名言警句，甚至要求自己把这些名言警句记下来，贴在任何自己能够看到的地方。

之前飞凡看不上那些废寝忘食学习的同学，他一直所信奉的学习信条，也是我一直在向我的学生们所传递的学习信条：

学习只是一种生活方式，没那么严肃，也没那么凝重，也不需要那么正式，只需找一个角落，安顿好自己的肉身，安顿好我们的心灵，就可以开启一场愉悦的灵魂之旅。

之前的他若是知道今天的自己竟然会如此废寝忘食地学习，一定会鄙视自己的。不过，当他开始这样学习的时候，他开始有点抱怨之前的自己会那般狭隘。勤奋地、废寝忘食地去学习，跟之前所信奉的学习信条其实并不矛盾。之前的自己只是看到了学习信条的外在，并没有看到它的内核。

当他开始这样去做的时候，明显地意识到自己的变化。之前觉得不重要的地方其实还有好多知识点没有把握，觉得已经有把握的知识其实也并没有完全把握。

他开始觉得自己的时间完全不够用了，每天都有那么多的事情需要做：还有单词没有记牢，还有应该背诵的文章没有记住，还有一本练习册没有写完……

他感觉自己就像是一个陀螺，随着危机意识不断加强，他开始产生焦虑，也开始不断压缩自己的睡眠时间。

他的这些付出也开始换来一些变化。

在上课听讲的时候，尽管不能做到像那些高手一样云淡风轻，但在老师提出问题的时候，他开始能以比较快的速度回答，尽管还是比那些高手慢一些，但已经缩短了很大距离。课后写作业的时候，花费的时间也少了许多。这些变化让他很欣慰，觉得自己一直以来的努力并没有白费。

第一次考试，他的各科成绩都有变化，尽管变化不大，但他相信之后的考试一定还会提升，因为自己勤奋的时间还不够长。果然，第二次考试他的各科成绩又往前进步了一截。但这两次考试的结果并没能让他满意，因为他还是与那些学习优秀的同学差很远。

已经这么努力了，还是不能得到预期的结果，他怀疑过，徘徊过，想过要不要继续坚持下去。

如此废寝忘食地学习所换来的，只是蜗牛般前进。这样的结果无论放在谁身上，都是一个很难接受的事实。

好在飞凡还是一个有信念的人。

他要求自己继续坚持，毕竟自己的付出还是有回报的。这个回报之所以没有达到自己的预期，也许是因为付出得还不够多。

第二次考试之后，飞凡明显比之前更加勤奋了。他的眼里好像只剩下学习了，一切与学习无关的事情都被他"屏蔽"了，周末休息的时间也都被他利用起来了，他实在是太想让自己前进了。

但第三次考试结果出来的时候，他傻眼了。

他把发下来的试卷翻过来，翻过去，一遍又一遍地看。他觉得是自己看错了，要不就是老师判卷的时候判错了，他无法让自己相信当下这个考试结果。

是的，飞凡的成绩跟上次相比，"纹丝不动"。

这时候，飞凡同学的情绪是有一些崩溃的，如此努力换来的竟然是"纹丝不动"！

是继续坚持，还是放弃？

站在这个十字路口，无论是谁，都很难做出一个选择。

若是坚持，坚持之后的结果是不是会跟这一次一样？甚至还不如这一次？

可如果选择放弃，就意味着对信念的放弃，同时也没有更好的解决办法。

飞凡是一个对人生有思考的人，是一个对自己有要求的人。他开始反思自己这段时间如此努力奋斗的原因——是为了考试分数，还是为了真正掌握知识。

当他想到自己的目的是能更有效率地学习，更好地把握知识的时候，他开始释然了。

努力学习，收获知识，分数只是顺带的

努力学习，顺便拿分，分数只是能力成长的"副产品"。尽管这一段时间的努力足够到位，但时间还是很短，在这段时间确实发现有很

多知识是之前并没有掌握的，是自己"历史欠账"导致这个阶段的成长进入了瓶颈期。更何况，如此努力学习，并非只是为了考试拿分、排名次。当把应该掌握的知识掌握了，分数自然会来，名次自然会向前进。

当他想明白这个道理之后，便开始继续自己的努力、勤奋。只是接下来他多了份淡定，少了些焦虑。

尽管之后将近一年的时间里他的名次都没有任何实质意义上的变化，但他还是一如既往地往前走。

那一年的中考，飞凡心态平和，基本功相对扎实，最终拿到了一个比平常考试好的分数，名列前茅。

这是一个天道酬勤的典型例子，但这个故事还没有结束。

读了高中之后的飞凡继续用初中的学习方式，依然努力，依然勤奋。

因为之前的经历，飞凡坚信自己所信奉的信念，过一种热烈而镇定、紧张而有序的生活，努力学习，顺便拿分。

但高一期中考试的结果给了他一个"晴天霹雳"！那些平日里放飞自我的同学考分竟然都不错，各科分数都要比他高许多，而他的成绩竟然下降了。

飞凡迷茫了。

在开学后的这两个月中，飞凡同学按部就班地做着一个学生的分内之事，还在继续初中那样的努力、勤奋，但结果却是如此。

我常对学生说："我们一定要相信初中的知识学习要比小学难，高中的知识学习要比初中难，大学的知识学习要比高中难。大学毕业之后开始工作也会面临学习，只是那个时候的学习将不再只限于知识学习，而且也没有标准答案可以参考。"

那我们该如何应对不断的难？

上课好好听讲，认真做笔记，下课认真完成作业，利用更多的课余时间去刷题，尽可能多地去刷题。但所有这些能想到的能做的事情做完之后，并没有收获自己想要得到的结果。

是哪里出问题了？

这个问题不单单是飞凡的问题，也是千千万万个学生在问的一个问题。

从教十几年来，我见过太多学生在面对学习时的无奈：一直在努力，结果却很惨淡；但又不敢停止努力，因为一旦停止努力就一定会退步。

高中生所处的年龄段是一个人的世界观、人生观以及价值观逐步建立并走向成熟的关键期，思想正由混沌走向有序，很容易陷入压抑的情绪，导致精神上的痛苦。

飞凡在期中考试结束之后就开始陷入这种痛苦的情绪中。

不是因为这次考试的结果不好而痛苦，而是因为这个考试结果所包含的意义。在飞凡看来，这个结果是对自己一直以来所坚持的信念的否定，是对自己这个人的否定。

经过这两年多的时间，飞凡觉得自己成熟了很多。他一直在要求自己认真活着，希望通过自己的努力换得美好的未来。

但此次所遭受的打击让他不得不开始反思：一定是哪里错了，一定是有地方做错了。而天道酬勤这个道理绝对没有问题，认真地、按部就班地做事以及努力学习也没有问题。

那究竟是哪里出了问题？

稻盛和夫在他的自传中，谈到事业要想成功时给了一个公式：一个人在事业上的成功 = 思维方式 × 能力 × 热情。其中思维方式的取值是 -100 到 100，能力的取值是 0 到 100，勤奋的取值是 0 到 100。

很明显，飞凡的能力以及勤奋是到位的，之所以没能取得好的学习结果一定是思维方式上的问题。

当反观飞凡这两年多的学习行为的时候，就能发现他只是从自己出发，尽自己的所能在学习知识，而没有真正地睁开眼睛去看那些真正的高手在做什么。

学习是需要"学习"的，通过寻找真正的高手做事所遵循的思维方式，并对自己的头脑加以改造，才能在真正意义上成长。

只读课本不读书，分数再高也走不远

有一次，我儿子忽然跟我说："爸爸，我发现读书比打游戏有意思多了。"

我一下子开心坏了，问他为什么忽然这样转性了。

他说："爸爸，你看，这个打游戏吧，你打上半天，死了的人一会儿就复活了，还得再打，真没意思。可是，读书呢，可以一直读下去，一环扣一环，很有趣。"

最近，他正在读刘慈欣的《三体》和毛姆的《月亮与六便士》，白天上学，利用课间休息的时间读，晚上回来，做完作业就赶紧开读，读得不愿意睡觉。

总是感觉时间太紧张，怎么还没看几页就过去了呢？似乎感觉到那种从牙缝里挤时间的紧凑了。

为了让他爱上读书，我和妻子这几年可没少和他斗智斗勇。

为什么我们要这么绞尽脑汁地让他读书？甚至，他若语文考55分，我不恼；数学考100分，我也没多大喜；可偏偏这个读书的事，我看得比天大！

因为，如果没有养成爱读书的习惯，成绩再好的孩子，未来也走不远。

第一，不读书，就会为个人经验所困，人会变得狭隘。

有人说，世界有多大，人的心灵世界就有多大。这句话乍听，蛮有理，蛮浪漫，蛮给人无端端的信心。

可是，这是幻想。因为我们人活一世，有一个大大的限制，就是肉身。

你的心灵再大，也是囚禁在我们这个肉身里面，高不过两米，重却约百斤，沉甸甸，不好移动，还极娇贵，有保质期，多走几步还行，你要不眠不休地乱跑，点灯熬油地历练，说不准还会提前报废。

那你想，自由翱翔的心灵囚禁在这个长宽高都有限额的肉身中，你让它能翱翔到哪里去？

心理学家阿德勒说，我们心灵的活动其实依赖我们的肉体在物质世界的运动。

所以，看似自由的精神之花，也是有限制的。

一个人的智慧、知识、才学、见识和创造力都不是无限的，它们是局限在个人的经验中的。而这经验，则是被肉身牢牢锁定，被周围的环境深刻影响的。你能想到的，就是你身边目之所及、手之所触、肉身所经历体验的全部，而这些又会成为你构筑未来的基石。

有这么一句话，你今天看到什么，未来就将得到什么。我们每一个人，都有着画地为牢的限制。

回归现实，我们就会发现，因为环境的限制，一个人一生智识发展的高峰一般在35岁时止步，如果不爱学习，不爱思考，则要更早结束，15岁以后，精神世界就停止生长。

所以，"狭隘"这个词，从我们出生的那一刻起就伴随我们每一个人，是我们终生都很难摆脱的一个桎梏。可是，我们要发展，我们要进步，我们希望有更大的作为，我们要追求成功，我们想要超越自我！

而超越自我，就要跳出个人经验给你设置的牢笼，看到你之外的更先进、更广阔的世界和更优秀的人以及他们头脑中的思想，从而收获更多的经验。

可以这么说，你心灵世界的疆域有多么宽广，你在现实世界的疆域就会被拓展到多大。

那么如何拓展？

三条路：读万卷书、高人指点、贵人相助。而读书，是门槛最低的一条路。书籍就是他人经验和智慧的结晶。读书,就是给了自己复制别人的经验和智慧的机会。

读书,就像打开了一扇了解世界的窗户,你也许没有机会去亲身了解全世界,但是,上下几千年,纵横几万年,在这个世界上发生的一切的事情以及由此而得出的经验、思想都可以通过书本呈现给你。

知识是新的,但很多人则是旧的,就是因为他们在求学的时候,除了读课本之外,什么书都没有读过。

课本读得好,练习册做得好,加上脑子灵光一点,学习勤奋一点,上学的时候,的确能够拿到一个不错的分数,进入一所大学。但是,你要知道,社会和学校对一个人素质的要求是不同的。学校检视的是你的课本,社会检视的是你的全部。你读过的书、走过的路、见过的人、经过的事,你头脑中的一切思想,都纤毫毕现地呈现在外,经受着这个世界的考验。

这就像你玩杂耍,之前两只手扔一个苹果玩,苹果就是知识和技术,这只手扔,那只手接,很顺当,这是在学校。

但是,进入社会,你要扔要接的不是一个苹果,是同时有两个、三个、四个、五个,如果你经验不够、智识不够,就要手忙脚乱,窘迫不堪。

有的父母不让孩子看课外读物,即便学习写作文,看的也是《优秀作文选编》之类的，他们把课本之外的书籍叫作闲书，生怕坏了孩子心智，占用了他们的学习时间。但他们不明白的是，功夫都在诗外，底蕴越深，读书越多，学校课本上面的那点东西学得才会越好。这就好比台上一分钟，台下十年功。

考试其实就是台上一分钟，薄薄一张卷子，功夫都在卷子外。

我妻子赵老师有一位男同学，他的成绩之前很一般，但是，学了文科之后，好厉害，我们当时的文综满分是260分，他都能考到250分。

大家每天嗡嗡嗡地背得头晕目眩，他只是静静地翻书，一页一页，气定神闲。

后来才知道，他从小就是历史、地理的深度爱好者，读了无数史、地、政方面的书，虽然看似不务正业，但是，这个时候就用上了。那些地图啦、时间啦、洋流啦、大气啦，国家的风土人情、历史事件，就像天生长在他脑子里一般。

你觉得是天赋，其实只不过是读书破万卷。

这些知识不仅仅帮他在考场上攻城略地，而且因为接触良久，出于兴趣，时时揣摩，早已化为他自身的一部分。

所以，你要知道，爱读书的学霸和只读课本的学霸大有不同；不爱读书的"中等生"和爱读书的"中等生"，未来进入社会也不同。

华为的任正非先生，上大学的时候，除了非常刻苦地学习专业知识，他还读了特别多的哲学书籍。这些书籍乍看跟专业联系不大，跟前途没有直接的联系，却充实了他的思想，开阔了他的眼界，让他学会了从根本和全局的角度出发来思考问题，为他未来领导一家世界级的企业，跟全球最优秀的企业进行世界性的角逐，提供了广阔的视野和思考问题的基础。

无用之用有大用！读书乍看没用，但用处却无所不在。如果孩子肯读，爱读，读通透了，甚至会起大作用。越要往上走，越想孩子的路越走越宽，他的底子就要越厚。这个底子，是书底子。

不要担心你的孩子变成书呆子，所谓书呆子，其实不是读书太多，而是读书还不够。

第二，读书多，口才好，人脉才会通。

很多父母一看孩子内向，就很担忧：这么内向，以后人际关系不好，在社会上怎么走得通？

说得是，不过只说对了一半。在社会上走不走得通，看的其实不是你内向还是外向，而是你肚子里有没有货。

我总会见到有些孩子，他们在和我交谈的时候，讲着普通话，不懂的就问，很有礼貌，很有章法，很有思想。这就是读书求学的好处。

人际关系这件事，主要靠交流，而交流这件事，看的是口才，口才背后是你的文化有多少，你的能力有多强。有文化，有能力，就有人际交往的自信，跟性格外向内向的关系反而不大。外向的人，很热闹，很自来熟，但是，在一些正式的场合要讲正式的话，他就脸红脖子粗，一句讲不出。

而另外一些人，可能平时不太爱说话，但是真正需要探讨那些严肃的问题、不好解决的难题时，言简意赅，自信从容，一出口就讲到点子上了。

旁边的人，从此对他刮目相看。你读的书少，头脑就空空，心灵世界就不细腻丰富，那么，你思考问题的支点就少，察言观色的能力就弱，你讲话的重点就抓不住，你语言表达的能力就弱，你的善意、想法就无法得到充分的传达，这个时候，你要做事，就会寸步难行。

当今的世界，是一个文明的世界，也是一个开放的世界。文明，意味着人与人的交往不再是靠拳头，而是靠讲理；开放，意味着我们要发展，就要走出自己乡土亲情的小圈子，投身到更大更开阔的充满着陌生人的世界里，跟他们学习，跟他们打交道，跟他们合作共赢。

进入社会，很多时候要拿嘴说话。无论做了什么样的工作，开发了什么样的产品，发现了怎样高深的原理，发生了怎样的矛盾纠纷，都要讲出来，讲给大家听，让大家听懂了，听明白了，心服口服，你才能得到资源，得到扶持，你的思想和价值才能获得传播。

今天的社会分工极细，没有谁能够独善其身，所以，好的沟通，好的口才，就是行走世界的腿。

第三，读书多的人有智慧，才能安顿好自己的心灵世界。

读书是一个什么活动呢？看上去是在跟书本里的人对话，其实是借书本在跟我们自己对话。

读书，其实是一次灵魂之旅。就像你孤身一人，坐在一列长途火车上，呆看着那窗外的风景，沉思默想，奔赴那茫茫不知的前途。

所以，我们经常会发现，手不释卷的书迷和手机不撒手的网迷，精神气质是不同的。

读书越多，越久，外表宁静而内心充实；手机刷刷刷，则双眼空洞，神态躁动，而内心烦乱茫然。

读书，是在用智慧来抚慰心灵。

所以，爱读书的孩子，每有静气，多省思，因时时观照内心，冷静看待周遭的一切，智慧就生发了，有了智慧，行事就有了章法，面对矛盾冲突，就能够从方方面面进行思考，人就淡然而从容了。先读书，后才学会阅世。何为阅世？阅读这个世界。

我们如今的社会浮躁而光怪陆离，如果不加以审视，很容易随波逐流，进而失控。

所以，多多走进书本，进入心灵的世界里，就能走出世俗的喧哗，多一分从容和清醒，就更能积蓄力量，把控自己的人生。

最后我想说，课本要读好，因为课本也是书，是高度凝结的文明之书，不但要多读几遍，还要精读、细读，这样你就有了文明的基础。

其次要四处搜罗更多的好书来读，记得一定要读好书，不带功利之心地去阅读，去求知，腹有诗书气自华，书到用时方恨少。

人生有限，而世界无限。以有限的人生搏击无限的世界，我们需要更多的支点，书，就是延伸你思想触角的朋友。

不要给孩子下论断

对于更多的学生来讲,他们并不像前文的飞凡那样幸运。

在很多人看来,要把学习搞好,只要勤奋就好。如果足够勤奋,学习还没搞好,那就一定是脑袋瓜子不好使。这种对待学习的简单粗暴认知,从一定意义上促成了很多孩子的"宿命论"。

"宿命论"的论调往往会在 10 岁之后开始在一些孩子的头脑中生根、发芽。

从客观的环境来看,10 岁之前的学习对象往往是简单的,即便有差距,也并不明显。

10 岁之前,他们往往只是生活在自己的世界中,对这个世界的理解与判断,更多的是从身体出发去感知,从本能出发对外进行审视,很少有关于"我"本身的审视。

10岁开始，随着精神以及心理的再次发育，他们开始能觉知到自己，觉知到周围的人。以前他们看到自己与别人的差距时，还只认为是自己不够勤奋。跟飞凡同学一样，他们相信自己在稍加勤奋之后就可以与别人一样成为成绩优异的学生；若是足够勤奋，完全可以成为学习高手。慢慢地，他们发现事实并非所想。他们曾经努力过，但发现自己的努力并不能让自己跟别人一样优秀；他们曾经极其努力过，但发现自己只是稍稍有了改变，并非想象的那样能"一骑绝尘"。

在第一次努力之后，他们还能给自己找到一些理由再去奋斗。但如果第二次、第三次努力之后依然无法看到自己的进步，这时，父辈或周围引导者曾经的教导就会出现在他的头脑中：也许，我真的不擅长学习，无论我多么努力，也是如此。

一个人并非一开始就相信"宿命"。但在他经历奋斗或是抗争依然无法看到希望之后，他发现自己曾经的行走轨迹被他人一一说中的时候，便会相信"宿命论"。

这个相信是一种极其可怕的自我否定，它会让一个孩子对未知领域探索的欲望被淹没，这是一种精神意义上的淹没，会毁灭一个孩子在成长中的锐气。

锦豪是我曾经见过的一名学生，他就是因为"宿命论"耽误了自己的成长。

在锦豪的父母看来，学习是要看天赋的，若是天赋不行，再怎么努力也无用！

从小到大，锦豪在父母那里听到最多的一句话便是：成材的树不用修剪。

从开始上学一直到四年级，锦豪的学习成绩都不冒尖，在班级里面不上不下，上课听讲、下课写作业也都是中规中矩，没有特别出彩的地方。不过，锦豪也不觉得这是一件令人担忧的事情，每天高高兴兴地上学，按部就班地享受着自己的童年，所有的一切在他看来都是美好的。即便有几次他觉得别的同学的学习成绩比自己好，但也只是在脑袋当中停留了那么一下，而后就随风飘散了。

父母看到锦豪这样的学习状况，也曾经往好的方面想，试着努力帮助他。锦豪的妈妈坚持了一年多辅导锦豪同学的功课。

但锦豪父母的这些努力付出并没有换来锦豪在学习上的"意气风发"，比如学习成绩上的突飞猛进。锦豪还是跟之前一样淡定地、快乐地享受着自己的童年生活。

当锦豪妈妈回忆辅导锦豪作业的时候，说："我觉得咱家这个孩子可能不是学习的这块料。我记得我曾经学那些东西的时候，基本上看一眼就知道怎么回事了。可咱家这个宝贝看过去之后就跟没看见一样，让他去读，他倒也听话，可即便是读了，读了好几遍，还需要我在边上提示几下，才能比较完整地答对。"

锦豪爸爸在听完锦豪妈妈的话之后，心里觉得有点落寞，但他一直以来的观察让他觉得这也在意料之中："我就说嘛，咱家这个宝贝也就是个中不溜，不用那么费劲啦！该上学就上学，该上课就上课，他想干什么就干什么。他只要走正道，也就行了。至于将来能不能读个大学，或者说读个好大学，就看他自己的造化了。行就行，不行就不行，反正我已经认了。'成材的树不用修剪'，我小的时候，我爸妈就经常说这句话。你看咱们隔壁家那个子轩，人家两口子也没你这么费劲地去搞孩子的学习，子轩不照样学得那么好。人家就是学习那块料，从小就知道要努力，见天的就是学习。你看咱家这个宝贝，跟个神仙一样，回到家什么时候看见他主动坐在那里学习过。"

没有了父母在学习上的殷切期盼，锦豪的日子过得更"潇洒"了，每天都很快乐，做着自己喜欢的事情，学习还是跟之前一样不上不下。

看到锦豪现在的样子，锦豪爸妈经常在私下里说："咱家这个宝的确不是搞学习的坯子。不过也还可以，你看他虽然每天过得很舒服，成绩也没怎么下去。"

这种太平日子过了有两年后，出现了一些波折。

锦豪开始读小学六年级了。不知道从什么时候开始，他发现自己的睡眠不像之前那么好了。之前不到晚上9点就开始犯困，要不是有作业要做，他一定会选择去睡觉，现在他发现自己即便到了晚上10点还不困。开始的时候，自己也不知道写完作业要干什么，就在家里转来转去，磨磨蹭蹭，一会儿摸摸这个，一会儿动动那个，就是不想睡觉，后来在妈妈的催促之下才上床睡觉，但总也睡不着。

睡不着的时候，他就开始胡思乱想。房间里面黑漆漆一片，锦豪睁着眼睛看着天花板，之前的好多事情开始在自己的头脑当中浮现。有的时候，即便闭上眼睛了，大脑还是停不下来，大多时候他会顺着刚刚想起的那件事不断地想下去。

锦豪的爸爸妈妈也发觉了锦豪的变化。因为睡眠不足，锦豪早上起来的时候总是无精打采的，整个人相比之前消沉了许多，不再像之前那样跟个"没心"的孩子似的了，好像心里面装了好多的事，就像换了一个人一样。

转变是从一次学校开的动员会开始的。

因为面临小学升初中，学校组织所有六年级的学生开了一次大会。这次大会，学校里上至校长，下至每个科目的老师，还有家长都参加了。学校要求学生、老师以及家长一起努力，为接下来的小学升初中做准备，要撸起袖子加油干。

动员会开完的那个晚上，锦豪一直到凌晨1点多才睡着。那天晚上，锦豪想到自己现在的学习状况和将来，他突然发现，以自己现在的学习状态，很难进入自己心仪的初中，是时候开始努力学习了。那天晚上锦豪暗暗地下了这个决心。

之后的锦豪跟之前相比完全变了一个人，他开始认认真真地学习，他想要达到自己的目标。

锦豪的变化让锦豪妈妈很是惊讶，不过锦豪的爸爸还比较淡定。

两个月之后的模拟考试，当锦豪看到自己成绩的时候，有些傻眼，分数"纹丝不动"，还是之前的水平。

当锦豪的妈妈知道这个结果的时候,她很惊讶,以为是自己看错了。

锦豪爸爸则不以为意:"我之前就跟你说了,别那么一惊一乍的。你以为他一努力就能把学习搞好?要是努努力就能把学习搞好,那这个世界上学习好的孩子有多少?学习这件事还是要看天赋的,要看脑子的,要看他是不是学习的这块料。咱家这个宝贝顺顺利利地把学上完,能读到哪里,咱们就供到哪里。至于能把书读到什么程度,就看他自己的造化了,咱们就不要有过多想法了。"

锦豪妈妈有点郁闷,不过她还是愿意相信锦豪的。

锦豪妈妈把锦豪叫到自己跟前,认真地跟锦豪说:"宝贝,妈妈看你这段时间蛮辛苦的,妈妈也知道你想让自己的成绩更好一些。妈妈想说的是,不要太着急,咱们慢慢来,不能因为学习把自己的身体给搞坏了。无论将来的中考会怎样,你在妈妈的眼里永远都是最好的。最近这两个月,晚上早点睡,也不要起得那么早,学好还是学不好,也不在乎多那么一点时间。"

听完妈妈的话,锦豪心里有点不舒服,这种不舒服里面更多的是对妈妈的责怪。

锦豪开始觉得爸爸妈妈好像并不在乎自己的成绩,考好考坏在他们那里都是无所谓的,他们好像也并不相信自己能考好。

锦豪心里有一些落寞。自己好像在做一件在别人尤其是父母看来毫无意义的事,甚至连他们都不相信自己能把这件事做好。

下一步究竟要不要继续?

锦豪躺在床上看着天花板的时候,开始思考这个问题。"还是要继续! 走自己的路,让别人爱说啥就说啥去吧!"锦豪在心里给自己默默地打气。

那天晚上之后,锦豪比之前更加努力了,有时候甚至会通宵达旦地学习,仿若中了邪一般。

妈妈看到锦豪如此努力,很心疼,但她又不知道该跟锦豪说什么。

人不疯狂枉少年! 人这一辈子无论将来会怎样,但至少得疯狂地活一次。锦豪妈妈想到这里,开始变得有些释然。既然他想折腾,当妈妈的就陪他一起折腾一把,免得孩子将来后悔。

爸爸在这个阶段倒没说什么,态度上也不反对,有时候还会给予支持。

其实,当他看到孩子如此努力的时候,还是非常感动的。时间过得很快,中考眨眼间就到了。一家三口都有点紧张,也有一些兴奋,两个多月的付出就要看到结果了。

出考场的时候,锦豪觉得自己发挥得不错,爸爸妈妈也都很兴奋,觉得皇天不负有心人。

成绩很快便公布了。

锦豪的成绩相比两个月之前的确有了一些变化,但也只是在原有水平上的正常浮动。

知道成绩的那一刻,锦豪爸爸的反应最大。这几个月对儿子渐渐建立起来的欣赏，让他觉得自己简直就是一个"笑话"。

锦豪妈妈倒还淡定，她现在最担心的是锦豪。不过，锦豪并没有像妈妈想象中那样情绪崩溃。

锦豪知道成绩的时候，什么话都没有说，只是用力地咬着嘴唇，把分数看了足有10分钟。当时妈妈坐在锦豪跟前，生怕孩子哭出来。不过锦豪没有流泪，他转过身，认真地看着妈妈："妈妈，对不起，让你失望了。也许，我就只是这个水平，也许我真像爸爸说的，根本没有学习的天赋。不过，通过这次努力，我最起码给了自己一个交代。我没事，您放心吧。我会好好的，不会走极端的。高中能读什么学校就读什么学校吧，我会特别感激你们的。"锦豪妈妈的眼泪瞬间流了下来，本来想着要安慰孩子，没承想孩子会反过来安慰自己。

锦豪有一个同学，情况跟锦豪一样，也是在中考动员会之后开始努力的，而他则考入了自己喜欢的高中。那个同学，被老师以及同学夸赞过脑袋特灵光。

锦豪想起更早之前他爸爸经常讲的那句话："成材的树不用修剪！""也许，我就是那种不成材的树，无论怎样修剪，都只是一棵歪脖子树。"锦豪在心里跟自己说。

进入高中阶段的锦豪明显受到了中考备考对他的影响，他开始相信他一直以来都不相信的那句话。每当他想要沉下心来认认真真地学习时，中考备考的那次经历以及"成材的树不用修剪"那句话就在他的脑海中浮现。

很多时候，我都在想，到底是什么会让锦豪的父母或是他周围的人有这样的论断。

进入教育这个行业越久，明白得越多。我发现孩子们的引导者之所以会有这样的论调，面对学习会有如此简单粗暴的态度，源于他们的不自知，源于他们未曾真正意义上去学习过。他们需要从此时开始在自己的头脑中深植一个观念：学习也是需要"学习"的，学习可以通过"学习"而变得更好！

虽然我们不能"唯成绩论"，但当孩子想要努力学习时，我们万万不可以用负面的论断，让一个孩子丧失成长的可能，消磨孩子成长的意志。

爸爸妈妈们要开始学习了

一千个读者,就有一千个哈姆雷特。

子轩的妈妈曾经就子轩的学习,向我做过深度咨询。

子轩在小学阶段的表现跟锦豪有点类似,态度不紧不慢,成绩不上不下的,除此之外,他在学习过程中的表现也确实让人着急。

刚开始学拼音的时候,别的孩子最多3个月就能游刃有余了,但子轩硬是用了将近3年的时间才把拼音搞得差强人意。当然,有人可能会说,别的孩子在读小学一年级之前已经学过,是不是子轩在那之前没有学?

是的。在读小学之前,子轩妈妈没有让子轩读幼儿园。子轩妈妈在子轩6岁之前不仅没有让他学拼音,也没有让他学习数学。她跟子轩在一起的时候,更多时候是分享自己每天所读的书、所见的事、所听的音乐等。在子轩妈妈分享这些的时候，子轩也不说什么，只是听着，子轩妈妈也从来没有问过子轩听明白了什么。总之，6岁之前子轩过得岁月静好。

但问题的关键在于，别的同学在6岁之前多数也没有学习拼音、数学，他们也是跟子轩一样6岁之后开始学的拼音。

除了学习拼音这件事，子轩同学在学习数学的时候，也遇到很多波折。一些在别的同学看来是理所当然的问题，在子轩看来就很费解。

比如，9+2=11，其他同学在学习的时候，都知道要满十进一，但子轩同学就是不能明白为什么要满十进一。

接下来的一个月里，子轩跟妈妈一起通过各种各样的形式终于搞清楚了满十进一。不过，在这一个月，学校里面学的东西又开始接踵而至。各种问题、各种困惑，搞得子轩跟妈妈每天忙得很。

就在他们母子俩每天忙得不亦乐乎的时候，学校的老师邀请子轩妈妈到学校谈一谈子轩的学习。

老师们给子轩妈妈反映了子轩在学校的种种情况。

（1）上课的时候倒是很安静，从来不捣乱。不过，几乎没有举手回答过问题。被老师叫起来回答问题，要么就是站在那里一句话都不说，要么声音特别小。

（2）当老师觉得他有地方不清楚想要帮他的时候，他也不说话，只是等着老师问，除非问对了，他才会点点头。

……

总之，子轩很特殊，上课听讲的效率不高，作业写得也不好，反应也比较慢。

子轩妈妈一直以来所坚持的教育理念，在现实当中遭到了打击，对老师们给予子轩的评价也有些不满。

子轩妈妈开始就之前的教育方式进行反思，同时开始进一步地学习：读书，听课，请教。

关于下一步要怎样去帮助子轩同学学习与成长，子轩妈妈给自己定下来三条准则让自己去遵循：

（1）读书是在学知识，但一定要把知识真的搞明白。搞明白了才能运用它解决问题，搞明白了才能对头脑实现升级、改造。

（2）知识学习的过程中引领子轩心要慢下来，手要快起来，忘掉考试，忘掉分数。

（3）尊重子轩面对周遭一切的选择，同时让他学会达观与开放，促进他的性格不断完善。

四年级开始，子轩的学习效率明显比之前高了许多，尽管学习成绩还不够好，但子轩妈妈从来不着急上火。

每当子轩问妈妈："妈妈，我觉得我在好好学习，可为什么我的成绩不如别的同学好呢？"

每当听到这个问题，子轩妈妈都会认真并严肃地跟子轩同学讲一大段话，这段话，我也想替子轩的妈妈送给各位家长和孩子：

> 人生很长，我们很难想象出未来会是什么样子。当然，人生也很短，尤其是在我们停下来回望自己已经走过的路的时候。小学、初中、高中，再加上大学，我们在学习这条路上至少要走16年，所以，此时的优秀不能代表未来还是优秀的，此时有不足不能代表未来就一定不好。我们不能因为此时的不足、不优秀，就对自己的未来进行否定。时间还很长，我们完全可以把学习这件事做好。从人生很短这个角度去看，我们应该在这个时间段内去做更有价值的事情。你要始终相信自己正在做的事是最有价值的，而最有价值的事是难做的，也是很难在更短的时间看到它的效用的。不以一时成败论英雄，傲雪凌霜胜负定天下。妈妈希望你能记住这句话，再有类似困惑的时候，记得多去揣摩揣摩。记住，人生很长，所以不要害怕此时的不足；人生很短，所以要把时间花在最有价值的事情上。

读了初中之后的子轩，成绩开始一个学期一个变化。到中考的时候，他的成绩已经名列前茅了。现在他已经读高二了，数学满分150分，他能考到140多分；语文满分150分，他能考到120多分；英语满分150分，他能考到140多分；物理、化学以及生物满分100分，他的平均分都在90分以上。

每次和妈妈说起自己成绩的时候，子轩都会感觉特别不好意思，因为他觉得自己其实并不聪明，只是做了一个学生应该做的事情。

是的，子轩只是做了一个学生最应该做的事情。子轩妈妈也只是做了一个妈妈在面对孩子学习以及成长的时候最应该做的事情。

每个行走在这个世界上的人，都有自己对这个世界的认知与判断，都有自己对如何活着的认知与判断，只是这些认知与判断有层次之分。随着年龄的不断增长，彼此之间的差异会越来越大。

每个人都活在自己的世界当中，唯有不断地学习新的知识，并爱上学习的过程，才能让自己从自己的世界里跳脱出来；看到更大的世界，看到更多的人，才能让自己清明起来。这也正是"活到老、学到老"的意义所在，也正是"三天不读书，便觉言语无味、面目可憎"的道理所在。

作为孩子的引导者，我们一定要注意他们的言行举止。因为他们有学习的想法，也有学习的行动，但这些想法、行动是混沌的，我们的引领但凡有一点不能渗透本质都会影响他对自己的判断，影响他下一步的行为。

学习也是需要"学习"的,这是我们首先要传递给他们的观念。任何一个学生,都可以通过正确的引导与训练使他们走向优秀,走向卓越。

当然,这个观念不仅仅是给予他们的,也是给予我们自己的。我们也应该从此时开始学习,我们此时学习的目的在于让我们成为一个真正意义上的引路人。

这些年,我给很多老师做过培训。他们一开始都是新人,在面对他们的时候,我都会第一时间讲这样一句话:开始工作的第一天,你在这个行业的学习也会开始,要拿着学习的态度面对自己的工作。

同样,对所有的父母,我也想讲这句话:在你打算去帮助孩子高效学习的时候,你自己的学习也要开始,要拿着学习的态度,对孩子进行引导。

老师对工作的理解，也是慢慢成长的

"源于课本，高于课本"，这八个字是孩子们在学业成长过程中经常听到的一句话。一个老师在进行问题讲解的时候，尤其是在这个问题相对比较复杂的时候，都会讲这八个字。老师们希望通过这八个字引起学生对基本知识、基本方法以及基本思想的重视，能从基本思想出发，对基本方法以及基本知识进行整合，升级、迭代出更高层次的解决问题的方法以及解决问题的工具。

但这八个字在实际学习中并没有体现出价值，大多时候成了一个概念或是一个口号，成了老师们在课堂讲解过程中的牢骚。

每次考试结束之后，孩子们都会在课堂上听到这样的话："大家看看试卷上的哪个问题不是我在之前的课堂中所讲解的？有的只是换了一种问法，有的只是更换了条件，甚至有的是我所讲解的原题，还有的甚至是课本上习题的简单变化，大家怎么就做错了？我们一直在讲：源于课本，高于课本。首先要把课本上最基本的内容把握好，再把我在课上对这些内容的分析把握好，完全可以很漂亮地解决这次试卷上的问题。"

这个时候，我再一次想起曾经的老领导说过的那段话。

这个问题的症结是在老师那里，还是在学生那里？

大家在面对这个问题的时候，会作何回答？我想，大多未曾做过教师的人都会把这个问题归到老师那里。大家可能会认为：我们把孩子交给学校，学校就有责任帮助我们解决好这个问题。这样的说辞没有问题，但对于当下实际问题的解决并无任何促进。一直以来，我都在用这样的观念引领自己：天下兴亡，我的责任。要本着解决问题的原则，不抱怨，从问题出发，想尽一切办法解决问题。

我相信绝大多数的老师都希望通过自己的工作，使学生更好地成长，也确实有非常多的学生在老师的支持与帮助之下，实现了自己在学业上的不断成长。但需注意的是，老师与老师之间也是有区别的。教师的工作对象是人，是一个个有思想、有情感的活生生的人，并且学生与学生之间往往有天壤之别。没有相当丰富的理论基础以及扎实的教育实践经验，并不能从完全意义上做好教学这件事。

当从这两个意义上同步进行思考的时候，就能对教师的工作多了一份理解，就能从我们自己出发，借由我们的努力以及孩子的成长变化，再加上老师的支持，三方一起发力，促成孩子的成长与突围。

教学是在教师与学生的彼此协助下共同完成的。当结果不好的时候，双方都没有问题是不可能的，一定有一方出现了问题，或两方都存在问题。这样的情况应当怎样在我这儿得到有效解决，是我之前思考最多的问题。

　　从当下这个节点回顾刚刚开始做教师的时候，我能感觉到那时面对教学的懵懂与混沌。那时的自己只有知识，所有的注意力都在如何把知识讲解清楚这件事上，对于学生会怎样看待我所讲解的知识，又该如何把握我所讲解的知识内核并将其运用到更广的范围，却无暇顾及。

　　当就这些问题开始思考的时候，我逐渐明白教学的实质：好的教学应该是从学生的认知规律出发，借助有限的知识把握规律，通过恰当的教学手段以及训练手法，使得学生在教师的引导、讲解、训练的基础上，不断提升认知水平、形成方法体系、积累知识工具，从而能解决无限的问题。

　　教学过程应该是"三位一体"的。作为一名教师，应该研究知识、问题，研究学生现阶段的认知规律以及现阶段的实际能力，研究教学手段以及训练手法，而后在实际的教学过程中，借助相应的教学手段以及训练手法，引导学生把控知识背后的规律。

　　庄子有言："吾生也有涯，而知也无涯。以有涯随无涯，殆已。"学生需要习得的知识是无限的，而一个老师所拥有的讲解时间是有限的。如何借助有限的时间开启学生获得无限知识的能力，更是在教学过程中必须考量的问题。所以，教师所能做的一定是通过有限的讲解提升学生的认知水平，使学生能够借助已有方法体系以及知识工具解决新问题。

也就是说，一个老师在授课的时候必须秉承这样的原则，对自己的教学内容进行审视，同时从要讲解的问题出发设计自己的教学。

要想实现这样的目标就要求老师在教学的开始明白以下的事实：

学生的认知水平是被激发出来的

庄子还有一句话："为学日益，为道日损。损之又损，以至于无为。无为而无不为。取天下常以无事，及其有事，不足以取天下。"

教师在课堂上所能讲解的知识以及问题一定是有限的。他不能，也不可能讲解所有的知识以及问题。教师要做的一定是从基本知识以及特征类的问题出发，通过对它的分析、判断、解决，将这样的思维方式传达给学生，让学生学会如何进行知识以及问题的分析、判断、解决。这是一个传授知识之道的过程。学生会因为明晓这样的思维方式，而懂得以什么样的思维方式解构新的知识以及问题。

也就是说，老师不能大包大揽，他一定是在有限度地解决问题，一定是通过将一个知识问题的分析、判断以及解决过程作为范本，让学生能够看得见、抓得住、把得牢、跑得快。只是在这个意义上的认识，能让学生做到的只是看得见。要想在看得见的基础上实现把得牢，还需清楚学生的认知水平是被引导出来的。

学生的认知水平是被引导出来的

所谓引导,是指一个学生在清楚这是怎样的一个知识或问题,清楚这个知识或问题应该怎样解决之后,还需带领他按照应当的章法往下走一遍。

我们常讲的那句话,眼过千遍不如手过一遍,就是这个道理。就像我经常对学生说的:不仅要让大脑知道,还要让身体知道,只有这样才是真知道。

老师明晓了一个学生的认知是被激发出来的,他就能去认真地遴选知识或问题,就会对多遴选的知识或问题进行深入的研究与思考;当一个老师明晓了一个学生的认知是被引导出来的,他就能对其所遴选出来的知识或问题进行详尽的分析、判断以及对解决过程进行标注。

有了这样的过程,学生就能从大脑到身体对这个知识以及问题有一个全盘的把握,也就实现了抓得住。

但要从抓得住走向把得牢、跑得快,还需清楚一个学生的认知水平是被训练出来的。

学生的认知水平是被训练出来的

能看见就能实现"纸上谈兵",能抓住就能实现"原来如此",但这些对于现实意义上的解决问题还远远不够。

学生在实际学习过程中所遇到的知识或问题，无论在表现形式还是内容诉求上都是千变万化的，仅仅是对它有感觉，并不能从完全意义上说驾驭了这个知识或问题，还需在此意义上进行训练。

这让我想起了一个高级将领向他的下级传授带兵经验的一句话："我做给你看，你做给我看；我再做给你看，你再做给我看；你再做。"

教学过程即是如此，认知成长的过程也是如此。

当下的这个知识或问题知道了，还不够，我还会再做给你看，多次地做给你看。通过多次地做给你看，让你彻底地看清楚；而后通过让你多次地做给我看，让你从大脑跟身体两个意义上对这个问题都有把控。这个时候，对于这个知识或问题的认知就能把得牢，就能实现拿着对这个问题的认知，去解决更多与之相关的问题了。

我常常跟老师们说："教学的核心在于提升学生对知识的认知水平。"学生对知识的认知即是举一反三当中的"一"。老师需要借助有限的知识以及问题的解读过程，让学生意识到、感觉到、看到这个知识问题是如何观察、如何分析、如何开始、如何分步进行解决的，以及在解决之前需要做怎样的准备，在实际解决的过程都遵循了怎样的目标，使用了怎样的方式与工具。而后从这个问题出发，坚持讲解过程即是训练过程，让学生对这个具体的知识问题从开始到结果的全部过程进行观察，能够模仿，能够多次"行走"，直至产生从自己出发解决问题的核心认知。

同时，我也把这句话送给每一个家长：学习的核心在于提升对知识或问题的认知水平，这个认知就是你对知识或问题在理论意义上的认识。我们学习的过程就是通过对有限问题的理论成长，去解决更多问题的过程。

教师想要在这个意义上进行教学，一定不是一蹴而就的，需要丰富的教育教学理论作为基础，还需要扎实的教学实践经验，而这一切都需要时间，并非一年两年就能具备的。

我在回忆自己的求学生涯时，我发现能在这个意义上进行教学的老师并不是很多。相信正在阅读这本书的你，在回忆过往学习生涯的时候也会得出我此时的结论。

人生得一知己足矣！学生能得一如此老师足以称为幸运。

韩愈有言："师者，所以传道授业解惑也。"教师教学首先是传道，传学习之道，传知识之道；而后再是授业，促使学生对自己所传"道之载体"能有把握，能有沉淀；最后是解惑，对基于所传之道生发出来的问题进行支持。

其余的就可以交给学生了。

一直以来，我都认为，知识是自我生长的。知识之所以可以自我生长，是因为学生在老师的支持下开始明晓如何思考问题，知道借助怎样的方式或能从思考出发，生发出自己解决问题的方式，进而得到知识。

教育行业的工作，应该是一份"养人"的工作。首先是"养"自己，其次是"养"别人，因为只有"养"好了自己才能去"养"别人。这里的"养"是"给吃给喝"，但这个"给吃给喝"不是吃东西、喝东西，这个"给吃给喝"是对精神、对灵魂的"给吃给喝"，是修身养性。如果一个人从做老师的那一刻起，就开始不断地修行自己，我想，他一定能成为一名优秀的老师、一名优秀的教育工作者。

修行的过程是一个人的境界不断成长的过程。但这个成长的首要前提一定是"知道"，知道要看见自己，看见学生，看见知识以及问题；知道要关注学生的认知规律，关注学生的情感特征，关注学生的思维方式；知道要在知识、问题的规律的研究上用力，要在教学手段以及训练手法的精进上用力，要从文化意义上在对学生的研究上用力。面对教育教学，教师需要知道教育教学的过程是三位一体、互相协助的过程。在这个过程中，教师是主导，学生是主体，知识或问题是载体。教师通过知识或问题的研究，通过对学生的研究，将知识或问题以恰当的方式进行阐述，促使学生能驾驭知识或问题，并能从此出发解决更多的问题。

但我们的很多老师并不明晓，在很多老师的眼里，教学更像是一场讲演，是一场走秀。

教学是分境界的，把题目讲清楚是教学的第一境界，把问题讲清楚是教学的第二境界，眼睛里面要有"人"是教学的第三境界，"自说自话"是教学的第四境界。我知道，一个老师并非一开始就是优秀的，他需要时间让自己慢慢地成为一名优秀老师。在这里所说的"慢慢"指的是心态意义上的"慢"，在这个"慢"当中，他必须知道一个老师在教学时境界上的区分。这个区分会让他在开始做这件事的时候对自己有一个好的定位，同时能够确定自己的成长方向。

第三部分 **3**

掌握高效
学习的秘诀

学习高手是训练出来的

　　学习跟不上的孩子，往往是活在当下的。

　　只是这个"活在当下"，并非真正意义上的"活在当下"。真正意义上的"活在当下"是经历繁华之后的淡然，是经历沧桑之后的从容。他们的"活在当下"是不得已的一种选择，是面对进一步成长的无奈选择。

　　在面对这些孩子时，我很明白他们心中的梦想与冲动。他们对好的、优秀的、先进的事物是有憧憬的，但长时间的原地踏步，使他们怀疑自己努力的意义，所以，他们只是憧憬，并没有将憧憬转化成一种行为。

　　夜深人静，当他们审视自己的过往时，有对当下结果的愤懑，有对曾经努力的惋惜。当心中的那份憧憬再次涌到心头的时候，他们只是在静静地"欣赏",但未等到这个场景结束,他们就会苦笑着离开。

他们缺的从来不是梦想与憧憬,缺的是直面梦想的大气,是直面现实的勇气。他们想要的还是太少、太小,无论在追求梦想这个意义上,还是在追求现实这个意义上。

他们热衷于精神意义上的追求与探索,但又感觉无力驾驭。很多时候,他们在心里想要,却在实际行为上表现出不屑。

他们不屑于世俗意义上的功与名,但又很想得到。他们内心很在乎结果,所以往往生活得很拧巴。

我在跟一些老师讨论时,在给学生做讲座时,一直在传递着我所倡导的人生姿态:要过一种热烈而镇定、紧张而有序的生活,让自己成为一个思想深刻、精神单纯的人。

但是很多学生明显做不到。思想上的不深刻,使得他们对事物的判断只是"二元论"——要么做,要么不做;同时,在精神上也不够单纯。他们越来越不能看清学业成长的实质,无法很好地把控自己,包括自己当下所面对的学业。对于他们而言,突围很难,好的东西想要不敢要,此时拥有的东西稍不注意就会失去。

穷则思变,变则通,通则达。

作为学生,需要看见学业的各个层面,并从各个层面分别着力,才能实现心中所想,成为自己一直以来想成为的那个人。

分数只是学习的结果,是基于解题能力的表现,而不是我们的目标。

从已有的解题能力出发，对所拥有的知识工具、方法体系以及解决问题所需要的想法进行整合训练，可以促使自己在学科上有所精益。

但这远远不够，还需从解题能力出发，去探寻进一步增强解题能力所需要的路径。这时候，我们需要清楚的一点是：能力是被训练出来的，训练是有章法的，也是有阶段的。在各个阶段，采取不同的训练方式就可以锻炼出良好的解题能力，若是再加上对解题能力、已有知识工具、方法体系和解决问题所需要的想法进行整合训练，结果一定更好。

但你不能将自己的注意力仅仅停留在此处。解题能力增长的本质在于认知水平的提升，也就是对题目所涉及的知识、方法以及想法的把握能力。认知水平的提升依赖于引导者，也就是老师的讲解以及训练，更依赖于学生在听讲过程中以及听讲后对老师讲解的驾驭方式的训练。

认知是被激发出来的，是被训练出来的。一个人的认知取决于这个人的思维方式，取决于这个人看待问题的方式。对一个问题的认知过程，首先是看见，其次是基于直觉、理论或经验的切入点的找寻，最后是具体意义上的流程化解决。不同问题在解决意义上有相同，有不同，相同的是方法论，不同的是技术。不同的技术呈现出来的是相同的方法论。

认知的开始看似从借鉴开始，以模仿为过程，实则是从一个人与这个世界的互动方式开始的。与这个世界的互动方式决定了一个人的思维方式，这个互动方式是行为意义上的，是世界观意义上的，是人生观意义上的，是价值观意义上的。

希望我们能从这些角度出发，结合自己的实际状况，找到属于自己的一条突围之路。

如何正确看待分数：此刻的分数能代表实力吗

在很多同学看来，分数是能力的表现，有多大能耐，就可以拿到多少分。

但真正看到分数的时候，他们总不满意，因为这个分数在他们看来并不能真实地反映自己的能力。他们往往会指着试卷中的题目，一一列出自己应该可以拿到分数的理由，而这些理由听上去往往是正当的，让我们这些局外人听来很有道理，也会觉得他们可以拿到更多分数，会替他们惋惜。

他们往往会这样说：

1.这个题目很简单，我知道怎么做，但不知道为什么没得分（或是付出的时间与实际得到的分数不匹配）。

2. 有一些题目有点难度，但对于如何解决它还是有章法的，不知道是什么原因没有拿到分数（或是没有拿到自己想要的分数，或是付出的时间与实际得到的分数不匹配）。

3. 有一些题目确实有难度，考场上好不容易有了想法，但就是没有时间写完（或是考场上总也没有想法，但下了考场，和老师、同学一开口谈这个问题就知道该怎样解决了）。

其中的一些错误在他们看来都是可以避免的，他们觉得自己在之后的学习过程中，或是在下一次的考试当中，多加注意就可以搞定。在内心深处，他们一直都认为自己是具备解决这些问题的能力的，会常常告诉自己，只要加上这些点上所缺失的分数，完全够格成为"学霸"。

然而，实际呈现出来的结果往往让他们的想象落空。考试结束之后，他们也做了相应的调整，也提醒自己不要再失误。但每次考试中所出现的那些问题，在下一次考试当中还继续出现，就好像被下了魔咒一样。他们觉得自己是可以的，但在考试中屡屡受挫。问题出在哪里了？抓不住自己应该关注的重点。

对于那些出现失误的点，若是当时思维更敏捷一些，或多加注意，还是能做对的。但在实际解题的时候，他们并不能明确哪个点需要多加注意，往往在事后发现自己确实做错了的时候才能意识到。

从这个角度来看，当下这个分数确实代表了他们的实力。因为那些自己以为的能力还没能转变成解决问题的能力，还处于萌芽状态或生长状态，显得有些飘忽不定、脆弱。

那些正处于萌芽状态或生长状态的能力被发现，但没有被重视的时候，能力的成长与发展就会充满变数。机缘巧合之下，它可能会成长变化为解决问题的能力，也可能一直维持现状，或可能从此夭折。

分数虽然不能完全体现一个人的综合能力与素养，但确实可以从某个层面来印证我们的学习方式是否有问题。

如何将你的能力用于考试中

有一些问题很简单，知道用什么知识点来解决，但不知道是什么原因，因此没有拿到分数，或是付出的时间与实际得到的分数不匹配。

简单的问题在考查知识的工具性。

所谓知识的工具性是说在解决一个问题的时候，你可以将某个知识点作为一个工具，对正在解决的问题进行处理。

比如考试当中有这样一个题目：

sin600° = (　　)

要想解决这个问题，需要知道高中数学当中的诱导公式：

$\sin(\alpha+k\cdot 360°)=\sin\alpha$ $(k\in z)$；$\sin(180°+\alpha)=-\sin\alpha$，以及特殊角的三角函数值：$\sin 60°=\frac{\sqrt{3}}{2}$。

结合这两个公式以及 $\sin 60°=\frac{\sqrt{3}}{2}$，就可以通过下面的步骤对问题进行解决：

$\sin 600°=\sin(360°+240°)=\sin 240°=\sin(180°+60°)=-\sin 60°=-\frac{\sqrt{3}}{2}$。

在解决以上问题的过程中，两个诱导公式以及特殊角的三角函数值即是解决这个简单问题的工具。只要知道这三个工具，就能解决这个问题。

对于很多学生而言，解决简单问题所需要的知识工具往往是具备的，在他们看来，这些问题是能够解决的，甚至相当熟练，他们在日常学习过程中也曾拿着这三个解决问题的知识工具解决过很多类似的问题。

但他们不知道，为什么自己没有拿到相应的分数。

问题出在哪里了？战略意义上以及战术意义上的双重藐视。

简单的问题他们本来是势在必得的。在他们看来，简单的问题不是问题，它们甚至都不应该出现在试卷当中，以至在解决这些简单问题的时候都有一种不情愿，觉得解决这些问题就是在浪费自己的时间。

他们想挪出更多时间去解决那些自己想解决的题目：那些看上去相对比较复杂、难度更大的问题。因为这样的心理作祟，他们在实际解决这些问题的时候就有了战术上的藐视。在他们看来，这个问题如此简单，哪需劳烦自己亲自动手，哪需本本分分，哪需一笔一画，只需瞅一眼，只需闭上眼睛感受一下，只需小笔一挥，就可以搞定它。

因为只是瞅了一眼，所以忘了最关键的条件，比如这个问题问的是 sin600° = （   ），他却看成了 sin60° = （   ）。

因为只是闭上眼睛感受了一下，所以逻辑递进过程中最关键的一环缺失了，比如这个问题的解决过程应该是这样的：

sin600°=sin（360°+240°）=sin240°=sin（180°+60°）=-sin60°=-$\frac{\sqrt{3}}{2}$。他们却是 sin（180°+60°）=sin60°，把诱导公式 sin（180°+α）=-sin α 中 sin α 前面的负号忽略了。

因为只是小笔一挥，所以，本来的结果是对的，但写在答卷页上的答案是错的。在草稿纸上都已经得到最后的答案是 $-\frac{\sqrt{3}}{2}$，但在往考卷上写的时候，因为急着解决下一个问题，大脑跟手没有连成一条线，结果没有把 $\frac{\sqrt{3}}{2}$ 的负号写上。

整个解决问题的过程很潇洒，不过，就是因为太潇洒，现实就显得"骨感"了。

再就是，他们忘了考试的目的。考试的目的在于对所学知识的测评，检测还有哪些方面是存在问题的；在于向别人呈现自己的实力，而这一切需要借助分数来体现。关于这些，在考试之前，他们是清楚的，但在开始解决实际问题的时候，他们就像在田径赛场上一样，哨声一响，就唰地跑出去了。比赛的目的是什么对他们似乎并不重要，重要的是跑起来快不快、有没有人在关注他们、有没有人为他们欢呼加油。在考试的时候，他们本能地想通过解决复杂的问题来证明自己具备解决问题的能力，甚至是超越那些学霸的。

他们忘记了别人评价他们的能力是从结果这个角度出发的。在谈到这个层面的时候，我往往会跟学生讲："同学们，在考试的时候，你一定不能忘记你要的是分数，分数的获得可以在简单问题上，可以在中档题上，也可以在难度大的问题上。"

在开始考试的时候，首先要把能装到口袋里面的装进去，而且要慢慢地装，要装好，要装踏实。这个意义上的题目往往指的是简单题。简单题对于一些学生来讲，完全是在他们的能力范围之内的，他们完全可以把该拿的分数全部拿到。只是在拿的时候不能因为它好拿而不去好好拿、认真地拿。要把题目慢慢地读全，而后结合解决问题的工具，按照工具的使用要求一步一步来，不要跳着走。这个过程的慢，首先是心态上的慢，再是行为上的慢，虽然看似慢，却是真正的快。因为只有前期慢下来，才能换得后来的快起来。

接下来，开始去装那些我们可以够得着，但要费一点力气的分数，这个意义上的题目往往指的是中等题。

在很多同学看来，中等难度的问题对他们来说稍有挑战，也是他们投放精力以及注意力最多的问题。在他们的意识中，一个人所做的事，只有具备一定的挑战，做这件事才会有意义。所以，他们在解决简单题的时候，心里在想着中等题；在解决中等题的时候，心里在想着下一个中等题。

这个意义上的考量使得他们在解决某些中等题的时候，思维会开始紧绷，思维的敏感度、严谨性开始下降。平时能解决的问题在这个时候找不到突破口；平时稍稍一思考就有想法，但这个时候的大脑仿佛空白；平时解决问题的时候能很清晰很有条理地写出解题过程，但这个时候要么多一步，要么少一步。

越是要挑战，越是要活在当下，越是要把心放在肚子里。王阳明说过："何为心？心不是一块血肉，凡知觉处便是心。"在做这道题的时候，就只是在做这道题，让自己把题目读上三遍，确保自己即便闭上眼睛也能看见这道题目。

读题的过程就是让自己对这道题有知觉的过程，闭上眼睛还能看见这道题就是让自己对这道题的知觉深入的过程，就是让自己在面对这道题的时候把心放在肚子里面的过程。

读三遍这道题并思考解决问题的过程，也是在复盘可能遗漏的点。如果在解决问题之前，就已经把解决过程在头脑中进行演练，在实际解决的时候又能一步一步慢慢地走下去，那么，对于这个在能力范围之内的中档题就可以实现完美解决，而非"会做却做不对"。

那些需要我们使劲"跳"才能够得着的问题，或者是够不着的问题，就是通常意义上的难题。

这个时候，我们需要让自己看到一个事实。难度大的问题首先需要有想法，而想法的产生需要时间，因为解决简单题以及中等题的策略调整，为解决难度大的题目争取到了先机。这个时候，我们要做的不是懊恼，不是气愤，而是要抱着"玩耍"的心态，尽力试试，但要掌握好时间，要留时间去获得本该得到的分数。

简单题是考查知识的工具性。简单题对思维的要求相对较浅，从题目本身的表现形式上往往就可以找到处理问题的路径，而且这个路径往往很短。

就好比墙上的一颗钉子松了，要解决钉子松了的办法就是找个东西把它砸实，要找的那个东西就是解决这个问题的工具。

在拿着工具解决问题的时候，解决效率取决于所选择工具的先进程度以及使用者对于工具的熟练程度。

知道要找一个工具，通过"砸"这个动作来实现钉子的"实"。如果找到的是一块砖，当拿着这块砖头去砸钉子的时候，可能会因为这块砖的大而用不对力气，或因为这块砖不够硬而使得砖头破裂，最终花费比较长的时间才把这个钉子砸实。若是能够找到一把榔头，只需要很短的时间，而且结果会非常棒，同时会给自己很好的观感体验以及心理层面的踏实感。

砖块与榔头，从形式来看，它们都可以解决钉子松了这个问题，但在解决的效率以及最终的体验上有很大的区别。区别就在于解决问题所使用的工具的先进性。

我经常对学生讲这样一句话："人与动物之间的本质区别在于制

造工具与使用工具。"同时，人类文明不断进步的标志即是工具不断先进。

你能拿着一个工具去解决问题，还能对你所使用的工具不断地进行迭代升级，使它越来越先进，同时，你很熟悉它。那么，你处理问题的过程一定会越来越完美，效率也会越来越高。

在这里给大家举一个数学学习过程中的例子。

在平面内有一个点，这个点关于平面内的一条直线对称后得到一个新的点。若是已知原来那个点在平面直角坐标系的坐标以及那条直线的方程，求解对称后的点的坐标。

若是你的头脑中有关于解决这个问题的一个工具：

一个点 (x_0, y_0) 关于任意一条直线 $Ax+By+C=0$ 对称后的点坐标是 $\left(x_0-2A\dfrac{Ax_0+By_0+C}{A^2+B^2},\ y_0-2B\dfrac{Ax_0+By_0+C}{A^2+B^2}\right)$。

那么，大家在解决这个问题的时候，只需把相关的数字进行代入就可以得到结果，整个过程也许不到一分钟。

如果大家在看到这个问题的时候，所知道的是另外两个解决问题的工具：

（1）一个点 A 关于一条直线对称后的那个点 B，与 A 连线的中点，是在该直线上的。

因此，可以借助两点中点坐标公式这个工具得到中点，同时把这个点代入直线方程。

假设原先的那个点的坐标为 (x_0, y_0)，任意一条直线的方程为

$Ax+By+C=0$，对称后的点坐标是（x，y），依据上述得到下面的式子：
$A\left(\dfrac{x+x_0}{2}\right)+B\left(\dfrac{y+y_0}{2}\right)+C=0$。

（2）对称前后的两个点的连线与该直线垂直。

可以借助两条直线的对应变量的系数乘积的和为0，。即经过这两点的直线的斜率可以表示为：$k=\dfrac{B}{A}$。

经过（x_0，y_0）、（x，y）的斜率借助直线的斜率公式可以表示为：$\dfrac{y-y_0}{x-x_0}=\dfrac{B}{A}$。

至此，就写出两个式子，将这两个式子组合成一个二元一次方程组，这个方程组当中的（x_0，y_0），以及A、B、C均为已知，是确定的，而后根据二元一次方程组的解法，经过运算，就可以得到结果。

二者的区别在哪里？

前者通过一个工具$\left(x_0-2A\dfrac{Ax_0+By_0+C}{A^2+B^2},\ y_0-2B\dfrac{Ax_0+By_0+C}{A^2+B^2}\right)$，通过运算，很快得到答案。

后者需要借助至少两个工具列出两个式子，通过运算得到答案。即使运算能力相当不错，算出答案所需要的时间也比前者要长。

这个时候，很多人会提出一个问题：前者是一个公式，后者是解决这个问题应当遵循的路径。我们不能单纯地只从一个公式出发去解决问题，也没有必要非得记住这个公式，要把握的是这个问题的处理思路。

是的，没有问题。前者是把后者进行一般化之后所得到的结果，但这个结果把此类问题全部进行了整合。

后者是从解决这个问题的想法出发，提出解决方案，按照解决问题的流程往下处理，进而得到结果。

前者是基于想法以及解决方案，把它打包整合成了一个更为先进、直接的工具，无须再走流程，直接输入即可。

这个时候，可能会有人提出更具批判性的问题：前者只是记住了一个更为先进的结果，后者是按照解决问题的本来步骤进行解决的，从知识能力成长的角度而言，后者更具价值性。

单纯从这个意义上来讲，这个批判的确具备力度。

任何一切知识的学习，都是为了帮助我们成长，增加我们对事物本来面目的认知程度。后者这种解决问题的路径在我们进行知识学习的时候应该是值得推崇的。一切的知识学习应该按照这样的方式进行：首先是产生想法，接着是基于想法提出解决方案，然后是执行，获得结果。

这一点，是我在下一部分要详细谈到的。但在这里，在面对考试的时候，我更支持前者。

有一句话讲得非常好："到什么山，唱什么歌！"现如今，我们在考场上是为了获得分数，而非成长能力。成长能力是在考场之外练就的，进了考场，就是拿着在考场之外所储备的工具、方法以及想法解决问题，去拿我们应该拿到的分数。分数能验证我们平时对于学习的认知是否正确，态度是否端正，方法是否得当，思想是否立得住。

很多学生经常犯的一个认知上的错误就是：该到拿分的时候，他们说要成长能力；该是培养成长能力的时候，他们说"这个知识点考试的时候考不到，不需要关注"。

这也是我在这里非常强调"到什么山，唱什么歌"的原因。

有解决问题更好、更先进的工具，能确保我们又快又准地解决问题，为什么不去用？那些使用这个先进工具的同学之所以知道这些工具，之所以能在第一时间用这个工具解决问题，是因为他们在上考场之前经历过后者，而且他们把后者进行了一般化。也正是因为他们曾经走过这样的路，才使得今天他们能很好地使用前者的工具。

这给了我们一个启示：对于解决问题所使用的工具，不能只是满足于知道了，还应该熟练掌握它，更需要在日常的学习过程中对正在使用的工具进行不断升级、迭代，促使它不断地先进，从而解决更多的问题。

工具升级、迭代先进化的过程是工具解决问题越来越有效率的过程，也是工具所能解决的问题越来越艰深的过程。

这也就要求我们在日常学习过程中，首先能够熟练使用所掌握的工具、方法，就像一个医生熟练使用手术器械一样，他不仅知道这些手术器械能解决什么问题，还能熟练地使用它。若是仅仅停留在知道、了解这个层面上，没有进一步地深入掌握工具、方法，那么，就不能将其很好地在实际问题中使用。

其次是对正在使用的工具的整合以及整合基础上的标准化。对于已有工具进行整合并标准化的过程一定是：

（1）我现在拥有什么工具。

（2）这个工具能解决什么问题。

（3）还有哪些工具可以解决类似的问题。

（4）这些问题结合之后会形成一个怎样的问题。

（5）从新问题出发确定解决该问题所需的解决方案。

（6）将该问题的解决方案进行标准化。

大家有没有发现，这六个步骤其实就是解决上述数学问题的第二种思路。

（1）将未知点用两个变量假设出来。

（2）依据两点的中点坐标公式，将已知点与未知点的中点用这两个点表示出来。

（3）将中点的坐标代入直线方程（源于对称的理解）。

（4）考虑到有两个变量，需要使用两个算式才能求解第一步所设的两个未知数，寻找该问题情境中的第二种关系。

（5）依据两条直线垂直时它们的斜率关系（源于对称的理解），用已知点与未知点表示出斜率，并与原直线的斜率建立关系。

（6）将两个算式放在一起，借助二元一次方程组的解法，得到答案。

每一个工具所能解决的问题组合在一起形成一个相对复杂的新问题。从原有的问题出发，不能做到使用这个工具就可以直接解决问题，需要从解决新问题的想法出发，提出新问题的解决方案，按照流程（也就是先后顺序），结合原有的工具才能把新问题解决完。

提出解决新问题所需要的想法以及方案，对于大多数学生而言通常是没有问题的。问题出在他们处理完之后，没有对这个新问题的解决方案进行"标准化"。

正是因为缺乏"标准化"，才导致在每一次见到类似问题的时候，都会从头开始解决这个问题。

很多同学在考试当中所出现的简单题得分之"付出与收获不成正比"的根源有两点：

（1）不能做到"到什么山唱什么歌"。考试的时候就是要拿着更先进的工具又快又准地解决问题，使自己获得的分数更多。

（2）在日常学习的过程中不能将正在解决的问题进行一般化、标准化，也就不能生发出解决问题所需要的先进工具。

对于第一点，希望你把"到什么山唱什么歌"这句话多多诵读，密咏恬吟，从观念上彻底地调整过来。

我们需要记住的是，在日常学习过程中不能执着于使用先进的工具。日常学习的价值是提高我们的能力，生发先进工具的过程。我们更应从现有的工具出发，去审视它所能解决的问题，试着将它所能解决的问题一般化。将问题一般化的过程即是举一反三的能力成长的过程，而能否成功举一反三取决于能否将一般化之后的解决方案进行标准化。当然，标准化之后的结果可能是一个公式、一句话，也可能是一个流程、一种思维方式，这些即是你所获得的新知识。

解决一个问题有章法的前提是，对于这个问题的解决是有想法的，想法引发了章法，所谓章法即是按照一个步骤或一个流程，章法驾驭了工具。通过这三点，就能解决一个问题。

有一些问题有点难度，对于解决它还是有章法的，但不知道是什么原因，没有拿到分数。

对于很多同学而言，之所以出现这个问题，是因为他们觉得自己是有章法的，但这个章法具体是什么却说不上来。

有一句老话说："眼过千遍，不如手过一遍。"我也常常跟学生说："大脑知道，手也知道才是真知道。"

知道是有层次的。但在中等生看来，所谓知道就是看见过或经历过。曾经看见老师按照这样的方法把问题的解决过程写了一遍，或曾经按照老师的书写过程，自己重新写了一遍，殊不知，任何学习都是有层次的。从知识学习的角度而言，先是了解，再是理解，接下来才是掌握、运用。

看见过或经历过只能算是对它有了了解，最多也只是对它有了一点理解：明白为什么要这样，它所遵循的想法是什么。

再回到上面那个例子。

要解出一个点关于一条直线对称后的新的点的坐标，无非就是从对称的角度入手，再结合已知点与新的点的中点会在中间的直线上，以及这两点的连线与中间的直线是垂直的。

有了这些，对于这个问题开始会有理解，但这个理解并不确保能解决问题，这个意义上对问题的理解犹如隔岸观火。知道是怎么一回事，但这回事究竟是怎样的，还需要进入事情当中才能明晓。

例如，新的点的坐标应该怎样设置？已知点与新的点的中点坐标应该怎么表示？已知点与新的点的中点在中间那条直线上应该用怎样的数学语言进行表示？已知点与新的点的连线与中间那条线的垂直关系应该用怎样的数学语言进行表示？最终得到的两个算式应该怎样处理才能得到结果？

这些问题是刚刚隔岸观火所没有看见的，只有在这个意义上对其进行把握才能算作理解，才有可能进阶到"掌握"的层面上。

从理解到掌握就不再是思维意义和理论意义上的行为了，但还须在实践意义上进行训练，借助解决问题所需要遵循的方法将其从头到尾多次梳理，方能让自己对各个节点全盘把握，才能实现掌握，才能算是实际意义上的知道。

从掌握到运用的过程，是借助从现有问题的解决过程所提炼出来的方法论，指导新的、类似的问题的解决过程。

这个层面所出现的问题，是在提示我们在学习的时候要明晓这样一个道理："纸上得来终觉浅，绝知此事要躬行。"

有时候，我们在按照章法往前走的时候，因为其中的一个步骤，无法继续往下做了。

不能继续的原因一般有两种，一种是不知道接下来要走的路子是什么，一种是无法正确地使用这一步所要使用的工具。

从想法出发的章法在实际解决问题的时候有三种角度：仰视、平视以及俯视。

（1）对于章法本身，很多同学是仰视的，所以他们只是有感觉，但对于即将要走的章法的路径并不清楚，他们需要在实际解决问题的过程中，依照对这个问题的理解逐步找到接下来的章法。这也就是我们通常说的：走一步，想一步，试着走一步。所以，在实际解决这个问题的时候，很多步骤是反复的，是一步步试错的过程。

（2）对于章法本身，很多同学是平视的，他们所看到的章法只是一部分。假设解决一个问题所需要的路程是10米，他们站在解决这个问题的起点上，往往只能看到3米的地方，6米那个点需要他们走到3米的时候才能看到，所以，他们在实际解决问题的时候，总是显得有点小心翼翼，生怕自己脚下这一步走错，也害怕自己走到3米的时候不能看到6米那个点。

因为小心翼翼，因为害怕，他们的思维开始慢慢紧张起来，思维开始受限。平时在面对此类问题的时候，他们的心态是放松的，思维是平滑的，在遇到问题的时候总能做到"灵机一动"，能把问题的解决一步一步地推进下去。他们相信自己在遇到困境的时候，能发挥自己的临场应变能力，化险为夷。但在考试的时候，"灵机一动"并不能奏效，所以在考场上实际解决问题的时候，他们往往不能拿到自己想要的分数。

这样的情况总是在发生，但很多时候并没有引起同学们的注意。因为在很多同学的世界里，所谓的"面子"很重要，他们往往以为，一个人在遇到紧急或突发状况的时候，能灵机一动地解决问题，是对一个人能力的极大肯定。很多时候，他们享受这样的感觉，甚至不自觉地创造这样的可能，进入这样的情境。当在这样的情境中把问题解决掉的时候，他们往往会特别有成就感。

他们在做事的宏观意义上喜欢将自己放在确定的氛围中，在做事的微观意义上却喜欢将自己放在不确定的情境中，这便是他们与学习高手在思维根源上的最大区别。学习高手在做事的宏观意义上常常将自己放在不确定的情境中，喜欢挑战自己的思维极限，愿意让自己不断尝试新的观念与想法；但在做事的微观意义上常常将自己放在确定的情境当中，他们要求自己完全掌控这件事，要求自己在实际做事的时候是符合要求的。他们一直在遵循"战略上藐视、战术上重视"的原则。

一个人之所以是现在这个人，跟他所处的人文环境有极大的相关性，而我们周围的人对于我们的评价构成了最直接的人文环境。当我们因为偶尔的"灵机一动"受到他人的钦佩和赞美时，就很容易进入心理层面的舒适区，会促使我们不断地强化这样的行为模式。

所以，我常常跟学生说："要向那些比我们优秀的同学学习，要向那些比我们先进的同学学习，要向上学。"所谓"不耻下问"首先是一种态度，其次是一种选择。选择身边那些在某个层面上比自己优秀、先进的人学习。学习就是用他人优秀的先进的理念、理论、思想、观念、品质、方法对自己进行改造的过程。

在日常学习过程中，尽最大努力做好准备工作，对已知的解决问题的章法做到心中有数，能以一种俯视的姿态驾驭章法本身。在开始解决一个问题之前，对于这个问题的可能走向有自己的预判，在开始解决的时候，再根据问题实际的发展方向结合自己对这个问题的理解适时调整。

考场上面对自己能力范围之内的问题，要做的不是挑战自己已有的能力，而是确保它能在自己的控制下正常发挥。

要有这样的一种思维方式：在什么样的场合之下就做这个场合下应当做的事情。在解决自己能力范围之内的问题时，在开始解决之前就把这个问题的实际解决章法驾驭到位，不要人为地创造一种困境把自己放进去。

这也就要求我们在日常的学习过程中，把自己已经能够把握的问题的解决章法往前再推进一步。

对于一个问题的把握分为了解、理解、掌握以及运用这四步。而很多人在对问题的把握达到理解这个层次时，就觉得自己可以停下来了，这也表现在解题的过程中：在看到这个问题的时候，知道自己是知道的，但在实际解决的时候总显得磕磕绊绊，运气好的时候能搞定，运气不好的时候就半途而废了。半途而废的时候也往往不能拆解自己到底是卡在了哪里，而是喜欢把这个结果归结于运气不好，或是当时的"感觉"不到位。

从理解到掌握是从大脑知道到身体知道的过程。大脑知道是说在老师的指引下，对这个问题的来龙去脉在头脑中有了自己的认识，但对于解决这个问题还缺乏实际的经验。

对于一个问题的理解属于对问题在理论意义上的推演。为了推演的表现形式更强，推演的引领者势必会舍弃问题中的次要矛盾，强化主要矛盾。但在实际解题的过程中，主要矛盾与次要矛盾同样重要。这就是一个人对一个问题的理解尽管极其到位，但仍不能确保自己可以完美地解决问题的根本原因。

对一个问题的理解到位只能说明这个问题所涉及的主要矛盾已经解决了，并不能说明所有矛盾都解决了，且不同的人在解决同一个问题的时候，次要矛盾是不同的。所以，从理解到掌握的过程是实践的过程，并在实践过程中逐步升级自己的理解。同时，我们需要清楚的是，逐步升级自己的理解，其实就是对次要矛盾进行解决并与主要矛盾进行融合的过程。

多次重复地解决问题，不断熟悉解决的章法，在极短的时间内把问题解决，则意味着对解决的章法已经烂熟于胸，势必会促成这个问题的完美解决。

但需注意的是：从理解到掌握是基于一个点去做事的过程。更为直接地说，老师在今天上课的时候讲了一个问题，你听完之后，认为自己已经掌握了。这个时候，不要急于去解决其他的问题，需要抽出时间，回过头，独自解决这个问题，不是把解决问题的过程书写一遍，而应该从这个问题的分析判断出发，开始整个解决过程，并多次重复，最后实现在极短的时间内解决，最好能产生更高一级的解决方案。

从掌握到运用，是用对这个问题的理解或更高一级的解决方案解决与此相关的更多问题，是不断丰富自己的理解、不断完善解决方案的过程。这是一个从点到面的过程，是理论指导实践的过程。

考试是我们以自己的理解或解决方案实际进行运用的过程。当然，这里所说的"理解"融合了我们的实践经验和实践智慧，是一种更为高级的理解，我们应当始终相信更高的理解才能促成我们更具效率地解决问题。

当我们都以这样的思维方式去面对自己能驾驭的问题的时候，就能把能力范围之内应该拿到的分数拿到了，也就不会有考试结束之后的抱怨了。

我和学生讲过这样一句话，做事的过程一定是看得见、抓得住、把得牢、跑得快这四步。看得见属于想法范畴，是做事的开始；抓得住是从想法走向章法的过程；把得牢是按照章法顺利前行的过程；跑得快是在效率层面上对做事结果的考量。

这四步都很难，但第一步最难。

"万事开头难"，难的是从哪里开始，该往哪里去。

很多学习表现一般的同学，头脑中关于解决一个问题的想法好比空中的太阳，一直在云层中飘移，而且这种飘移往往是无序的。也许此刻太阳照射到大地上了，下一秒又被一朵云遮盖了。所以，一直以来他们对自己还是有信心的，因为他们对这类问题的想法也是有的，只是有时候来得并不及时，或转瞬即逝，或只需稍加提示就有感觉。

他们在开始解决一个难度较大的问题的时候，往往会很认真，很谨慎，并不像学习优秀的同学那般闲庭信步、怡然自得，因为一直以来的事实让他们觉得自己处理这类问题的优势并不明显，还是有很多不足的。这种心态更进一步阻碍了他们在解决这类问题的能力上的成长，完全放弃做不到，不放弃又不知道该做些什么能弥补不足。

这样的纠结直接影响了中等生在日常学习中时间和精力的投放模式。中低难度的问题他们觉得自己是能理解到位的，所以没有必要投放太多的精力。他们把更多的时间以及精力投放在了难度更大的问题上，甚至在上课的时候会专门听那些很难的题目，而忽略那些看上去偏简单的问题。

把时间与精力过度投放在难度大的问题上，换不来最终的收益，经常使得他们开始怀疑自己的能力，怀疑自己是不是天生就是中等生，无论如何努力都无法赶上那些学习高手。一想到这些，他们感觉世界都暗淡了。在跟这些学生的父母进行沟通的时候我说，千万不要因为看到他们此时的萎靡就去否定他们面对学习的积极态度。他们很想让自己好，很想成长自己的能力，很想改变自己的位置，他们一直在努力付出，而且，此时萎靡的他们仍在思索下一步应该在哪里付出。我们要看到他们的难，要尽我们最大的努力去体谅他们心中的痛。我们要做的不是指责与诋毁，应当"隔岸观火"，在心里默默支持他们扛过此时的难，应当告诉他们正确的做事方向，以及做事方式。

我们的同学太想让自己往前走了！只是，这样的"想"很多时候蒙蔽了他们的眼睛，不能看到事情的真相。他们只是在结果这个意义上看到自己在解决难度大的问题上的不足，但没有从过程的角度去审视。

路要一步一步走，饭要一口一口吃。解决难度大的问题是从完美解决中低档难度的问题开始的。

从考试的角度出发，我们应当告诉他们：要快速解决中低档难度的问题，为解决难度大的问题争取时间，让自己有足够的时间将解决问题的想法转化为解决问题的具体章法。

从日常学习的角度出发，我们应当告诉他们：难度大的问题"难"在开始，"难"在想法的产生，以及如何将想法转化成章法。

想法源于看见，源于看见"一样的"。要学会从简单的事实出发，抽离简单事实背后的思想，并将其不断地丰富、迭代。

一些学生之所以难以突破自己，是因为他们更喜欢让自己停留在"太阳照耀到大地上"那一刻，只关注自己的心理体验，而没有去思索想法产生的源泉，更没有去思索想法背后的思想。想法背后的思想好比连接风筝的那根线，因为有"线"的牵制，风筝才能越飞越高；因为有"思想"的牵制，想法才能更加稳定，才能更好地帮助我们解决问题。

在看到一个问题的时候，因为自己的思索，有了解决这个问题的想法。这个时候，要记得问自己：这个想法是因为什么出现的，是看到题目当中的一句话而唤醒了头脑中的一个经验，还是因为由这个题目的结构联想到了生活中某个情境？而后，要从这句话出发，要从这个结构出发，去审视这句话、这个结构与所得到的想法连接的桥梁；要把这座桥梁用一个具体的东西（一句话、一个顺口溜或其他）进行描述，同时对那句话、那个结构本身进行审视，从中挖掘出它在思想意义上的表达。

以上就是一个思维放大化的过程，是将自己的思维路径具体化的过程，通过一个又一个的思维路径，对想法背后的规律进行提炼，并总结出理论，这个时候，面对难度大的问题时就不再只依靠"灵机一动"。

这个过程也在告诉中等生一个事实：学习的过程不仅仅是解题的

过程，还是将一个又一个解题过程不断抽象化并上升成为理论指导我们解决新的、更多问题的过程。

很多学生更喜欢"实"的东西，不喜欢"虚"的东西。他们在听老师讲课的时候，更喜欢听老师讲这个问题有多少种不同的解决办法，更喜欢老师在上课的时候讲更多的题目；他们会觉得老师在上课的时候谈太多对这个问题的理解是浪费时间，甚至会主动屏蔽这些"无聊的讲解"。

然而，这些讲解正是启发我们进行深度思考的钥匙。我们必须要开始学会从"实"出发，借助"虚"，将自己的"实"升级换代。

所以，我们在面对考试的时候，要把自己能解决的问题快速地解决，将能抓住的分数又快又准地抓住。如何抓住呢？取决于考试之前学习重心的调整，要将学习重心调整到对中低档难度所涉及的工具以及章法的熟练和升级迭代上，让自己的想法转化成解决问题所需要的章法。

但需注意的是，考试不单单是对知识能力的考查，还是对心态的考查。

考试是怎样的一件事？我往往喜欢用这样一句话来表达：正式的场合，表达严肃的问题。

每当得知即将考试的消息，很多同学就会不自觉地开始各项准备：确定考试范围，确定考试难度，甚至会想办法确定出题人，他们希望这些"确定"能让自己对即将到来的考试有更多的把握。

这样的态度应该值得赞赏，但这样的过分在意却让中等生忽略了应对考试所需要的另一个重要素质。

考试要求学生在有限的时间内解决问题，所以，一些学生在拿到分数的那一刻往往会有这样的表达：若是时间再充分一些，我完全可以得更多分。

所以，我们在考试前要结合自己的能力，对考试进行策略上的设计。为什么很多学生无法突破目前的学习状态，是因为过往的学习经历促使他们对知识和方法有把握，但想法相对欠缺。简单题在考查知识的工具性，中等题在考查方法以及方法实施过程中的工具使用，难题在考查想法以及方法，所以，如果你学习水平一般，应该将自己解决问题的重心放在中低档难度问题上，而非浪费更多的时间死磕难度大的问题。通过对中低档难度问题的快速、准确的处理，使得解决难题的时间更充足，进而促进难度大的问题有效解决。

有的同学恰恰相反，没有评估好自己的学习能力，在考试前和考试中往往会忽略中低档难度的问题，草草了事，觉得自己的拿分点应该在难度大的问题上。但高难度问题往往是超越他目前能力的，他很难在短时间内找到解决此类问题的思路，即便有思路，也往往基于记忆或灵感，这种即兴的灵感往往不能切切实实地用在解题过程中，反而会浪费大量的时间，最终使得自己的考试成绩远不如预期。

同时，仓促地解决难度大的问题，导致这些学生在解决此类问题时越来越不能驾驭自己的情绪。因为不能驾驭自己的情绪，又因为时间有限，同时又极度想要在考试成绩上有提升，以至于很多学生出现心理上的失衡，最终导致思维紧张，无法进入深层次的思考，无法总结出解题的思路。

所以，我们在考试前要对自己的能力做一个客观的评估，同时在面对难题的时候做到心态上的平和，能让自己以一种"能拿多少，就拿多少"的气魄、心态面对它们，并在拿的过程中秉承"只要拿就一定要拿稳"的信念。

心态上的平和取决于对即将面临的问题的驾驭。因为驾驭，才能胸有成竹，才能有的放矢，才能有条不紊，最终在考试中拿到与自己能力相匹配，甚至超出期待的结果。

锻炼解题能力，学会复杂问题简单化

你有没有想过，我们真正的学习对象是什么？

很多同学其实并不知道自己在学什么，或者说学习的过程应该是怎样的。在他们看来，题目解好了，分数就有了；而要把题目解好，就需要把课听好，把笔记做好，把作业做好，最好能多刷题。

关注什么就会得到什么，但须对"关注"有更深的认识与把握，才能驾驭"关注"，才能在这个"关注"中获得。

解题的过程是将复杂问题简单化的过程

在很多人看来，解题是学业成长的重心，但往往正因为对于解题本身的过度关注，导致他们反而逐渐缺乏了看清题目、分析题目的能力。

在解决问题的时候，他们的视角越是关注具体的细节，越会发现更多更为具体的问题，思维越会被牵制在这些具体的问题当中，以至忘记自己要解决的核心问题到底是什么。这就是所谓的本末倒置。

任何一个当下所要解决的具体题目，既是一个宏观层面上的，又是一个微观层面上的。当视角与当下这个题目近距离"接触"的时候，这个题目便会变成一个宏观问题；从这个具体题目的解决开始，视角便会进入微观，若是不能进行思维上的回调，便会不断地进入更微观的问题中。他们多数只是让自己进入了一个又一个具体的微观问题当中，却没有对这些微观问题进行解构，也没有从一个又一个具体问题所形成的宏观视角上观察，所以他们只是有了经历，但没有形成经验，更没有形成理论，也就谈不上在此基础上的迭代、升级了。

站在提高解题能力的角度进行俯视：当下这个题目是促进能力提高的微观体现。把每一个正在解决的题目都当成提高能力的点，而非一个个题目。

解题的过程是将未知问题转化成已知问题的过程，是将复杂问题简单化的过程。

如含有参数的一元二次不等式是高中数学当中的常见问题，下面借助一道典型的含有参数的一元二次不等式的解题过程进行转化过程的解读。例题如下：

解关于 x 的不等式：$ax^2+(a+1)x+1>0$。

解不等式就是求解其中未知量的取值范围的过程。这个不等式当中包含两个未知量，一个是 a，一个是 x，如果不做特别说明，我们往往把这个不等式看作关于 x 的不等式，把 a 看作参数。参数的意义在于随着这个参数的变化，这个不等式的具体形式在发生变化，当然，x 的取值范围也会随之变化。

（如果你是一个学生，无论是否学过，都应该把上面这段话多读几遍，因为这是解决这一类问题所需要建立认知的起点。学习解题不单单要知道这个题要怎样解，更要知道为什么这样解。）

当 a 的取值不同时，x 的取值范围不同。也就是说，要解当下这个不等式，首先需要确定 a 的取值。

从这个不等式的表现形式上来看，其中的变量 x 的最高次数为 2，可以说明该不等式是以 a 为参数的一元二次不等式，但进一步观察之后会发现 x^2 的系数为 a，如果 $a=0$，该不等式就会变成：$x+1>0$，也就是一个一元一次不等式。

所以，这个不等式的解决首先是对 x^2 的系数 a 的分类讨论。

（基于对 $ax^2+(a+1)x+1>0$ 这个算式本身的观察，把它划归到了含有参数的不等式的解法当中，并在此基础上提出这个题目解决的指导思想，即分类讨论。）

当 $a=0$ 时，这个不等式就会变成 $x+1>0$，在不等式的两边同时

加上 -1，那么最终的取值范围就是：$x > -1$。

当 $a \neq 0$ 时，这个不等式就是一个一元二次不等式。

此时，这个题目是一个解不等式的题目，是一个含有参数的解不等式的题目，是一个变量最高次为 2 次的解不等式的题目，是一个变量的最高次项含有参数的解不等式的题目。

（分类讨论是解决这个题的指导思想，是解决当下这道题的切入点，但须明确这个指导思想在执行层面所遵循的标准。）

回到一元二次不等式的解法当中（以下内容默认已经学习过）。

最开始学习的一元二次不等式往往是这个样子的：

解不等式：$x^2-2x-3 > 0$。

在实际解题的时候，首先把它转化成一次因式的乘积，且一次因式中 x 的系数为 1：$(x+1)(x-3) > 0$。

其次从函数与方程的指导思想出发，结合该不等式所对应的一元二次函数的图像，从这个不等式出发，得到答案：$x > 3$ 或 $x < -1$。（其中隐含了对二次函数所对应的方程的根的大小的讨论，因为此时的两个根的大小是明显的。）

或继续从分类讨论的指导思想出发，结合 $ab > 0$ 时，a、b 同号，对其中的两个一次因式的正负进行讨论，得到答案：$x > 3$ 或 $x < -1$。

之后学习的一元二次不等式会在上述基础上进行适当变化：

解不等式：$-x^2+2x+3 > 0$。

在实际解题的时候，首先把它转化成一次因式的乘积，且一次因

式中 x 的系数为 1：$-(x+1)(x-3) > 0$。

而后把转化之后的不等式转化成之前学习过的不等式，即两边同时乘以 -1，变成：$(x+1)(x-3) < 0$。

或在一开始的时候，就进行二次项系数的转化，即两边同时乘以 -1：$x^2-2x-3 > 0$。

而后把它转化成一次因式的乘积：$(x+1)(x-3) < 0$。

其次从函数与方程的指导思想出发，结合该不等式所对应的一元二次函数的图像，从这个不等式出发，得到答案：$-1 < x < 3$（其中隐含了对二次函数所对应的方程的根的大小的讨论，因为此时的两个根的大小是明显的）。

或继续从分类讨论的指导思想出发，结合 $ab < 0$ 时，a、b 异号，对其中的两个一次因式的正负进行讨论，得到答案：$-1 < x < 3$。

综观学习过的不含参数的一元二次不等式解法，除了最终的答案取值全体实数以及空集的问题，总共就这两种形式，系数为正，或系数为负。在实际解决问题的时候，对于系数为负的总会通过两边乘以 -1，将该不等式转化成系数为正。再者，往往会通过因式分解的方式将这个二次的式子转化成两个一次因式的乘积，且一次因式中 x 的系数为 1（当然，也可以不转化成一次因式的乘积。转化成一次因式乘积的目的在于从形式上对这个不等式所对应的方程的根的确定），而后根据根的大小确定最后的答案。

（上面这个过程是对不含参数的一元二次不等式解法的提炼。对题目进行转化的过程中，需要对转化之后的问题有一个详尽的认识与了解，否则无法转化成功。）

所以，需要对 $ax^2+(a+1)x+1 > 0$ 中的 a 的正负进行分类讨论。

当 $a > 0$ 时，将这个不等式转化成两个一次因式的乘积：$a(x+1)\left(x+\dfrac{1}{a}\right) > 0$。

因为 $a > 0$，所以，在 $a(x+1)\left(x+\dfrac{1}{a}\right) > 0$ 的两边同时乘以 $\dfrac{1}{a}$，可以将它转化成：

$(x+1)\left(x+\dfrac{1}{a}\right) > 0$。

此时，这个不等式就跟前面的不等式 $(x+1)(x-3) > 0$ 具备了极大的相似性。

从确定不等式 $(x+1)(x-3) > 0$ 的最终答案所采取的方式出发，需要确定 $(x+1)\left(x+\dfrac{1}{a}\right) > 0$ 这个不等式所对应的方程的两个根。

很明显，这个不等式所对应的方程的两个根分别是：$x_1=-1$，$x_2=-\dfrac{1}{a}$

因为 $a > 0$，且 a 的值不能再具体，所以 x_1、x_2 的大小无法确定。

怎么办？分类讨论。

当两根相等时，$x_1=x_2$ 时，$a=1$，此时不等式 $(x+1)\left(x+\dfrac{1}{a}\right) > 0$ 转化成：

$(x+1)(x+1) > 0$。

此时可以得到答案：$x \neq 1$。

当 $x_1 > x_2$ 时，$-1 > -\frac{1}{a}$，得到 $0 < a < 1$。此时不等式 $(x+1)\left(x+\frac{1}{a}\right) > 0$ 所对应的方程分别有一个大根 $x_1=-1$，有一个小根 $x_2=-\frac{1}{a}$，结合 $(x+1)(x-3) > 0$ 取得最后答案的方法，得到最后答案：$x > -1$ 或 $x < -\frac{1}{a}$。

当 $x_1 < x_2$ 时，$-1 < -\frac{1}{a}$，得到 $1 < a$。此时不等式 $(x+1)\left(x+\frac{1}{a}\right) > 0$ 所对应的方程分别有一个大根 $x_2=-\frac{1}{a}$，有一个小根 $x_1=-1$，结合 $(x+1)(x-3) < 0$ 取得最后答案的方法，得到最后答案：$x > \frac{1}{a}$ 或 $x < -1$。

当 $a < 0$ 时，将这个不等式转化成两个一次因式的乘积：$a(x+1)\left(x+\frac{1}{a}\right) > 0$。

因为 $a < 0$，所以，在 $a(x+1)\left(x+\frac{1}{a}\right) > 0$ 的两边同时乘以 $\frac{1}{a}$，可以将它转化成：$(x+1)\left(x+\frac{1}{a}\right) < 0$。此时，这个不等式就跟前面的不等式 $(x+1)(x-3) < 0$ 具备了极大的相似性。

从确定不等式 $(x+1)(x-3) < 0$ 的最终答案所采取的方式出发，需要确定 $(x+1)\left(x+\frac{1}{a}\right) < 0$ 这个不等式所对应的方程的两个根。

很明显，这个不等式所对应的方程的两个根分别是：$x_1=-1$，$x_2=-\frac{1}{a}$。

因为 $a < 0$，所以 $x_2=-\frac{1}{a} > 0 > x_1$。结合 $(x+1)(x-3) < 0$ 取得最后答案的方法，得到最后答案：$-1 < x < -\frac{1}{a}$。

至此，这个含有参数的一元二次不等式就解决完毕了。

现在将其整个解题过程进行一个整理。

解不等式：$ax^2+(a+1)x+1 > 0$。

解：当 $a=0$ 时，原不等式等价于 $x+1 > 0$，则：$x > -1$。

当 $a > 0$ 时，原不等式等价于 $a(x+1)\left(x+\dfrac{1}{a}\right) > 0$。

在不等式的两边同时乘以 $\dfrac{1}{a}$：$a(x+1)\left(x+\dfrac{1}{a}\right) > 0$ 等价于 $(x+1)\left(x+\dfrac{1}{a}\right) > 0$。

此时，该不等式所对应方程的两个根分别为：$x_1=-1$，$x_2=-\dfrac{1}{a}$。

当 $a=1$ 时，$(x+1)\left(x+\dfrac{1}{a}\right) > 0$ 等价于 $(x+1)(x+1) > 0$，则 $x \neq 1$。

当 $0 < a < 1$ 时，$x_1 > x_2$，则 $x > -1$ 或 $x < -\dfrac{1}{a}$。

当 $1 < a$ 时，$x_1 < x_2$，$-1 < -\dfrac{1}{a}$，则 $x > \dfrac{1}{a}$ 或 $x < -1$。

当 $a < 0$ 时，原不等式等价于 $a(x+1)\left(x+\dfrac{1}{a}\right) > 0$。

在不等式两边同时乘以 $\dfrac{1}{a}$，$a(x+1)\left(x+\dfrac{1}{a}\right) > 0$ 等价于 $(x+1)\left(x+\dfrac{1}{a}\right) < 0$。

此时，该不等式所对应的方程的两个根分别是：$x_1=-1$，$x_2=-\dfrac{1}{a}$。

因为 $a < 0$，所以 $x_2=-\dfrac{1}{a} > 0 > x_1$，所以 $-1 < x-\dfrac{1}{a}$。

综上所述：

当 $a=0$ 时，$x > -1$。

当 $a=1$ 时，$x \neq 1$。

当 $0 < a < 1$ 时，$x > -1$ 或 $x < -\dfrac{1}{a}$。

当 $1 < a$ 时，$x > \dfrac{1}{a}$ 或 $x < -1$。

当 $a < 0$ 时，$-1 < x - \frac{1}{a}$。

完美解完！

我们再来看这个问题。

要想解决含有参数的一元二次不等式，就需要借助分类讨论的指导思想将其转化成一元一次不等式或参数范围相对确定的一元二次不等式。

在参数范围相对确定的前提下，需要将其转化成不含参数的一元二次不等式，只是需要对不含参数的一元二次不等式的各种类型的共性进行抽离，否则将会导致转化之后的解决过程的混乱。

严格意义上来讲，只要会解 $x+1 > 0$、$(x+1)(x-3) > 0$，以及 $(x+1)(x-3) < 0$ 这三个不等式，结合分类讨论的指导思想，这个题就能完美解决，花费的时间应该不会超过 5 分钟。

但这个问题要高中阶段的中等生解决，往往需要十几二十分钟，而且最后的答案不一定是完整的。

那么，是不是中等生不知道分类讨论的指导思想？是不是 $x+1 > 0$、$(x+1)(x-3) > 0$，以及 $(x+1)(x-3) < 0$ 这三个不等式不会解？

都不是。

他们都知道，但就是不能完整解决，就是不能在短时间内解决。

为什么会这样？因为缺乏转化的思维。看到问题，就想着开始做，就开始在头脑中寻找之前类似的经验，拿着之前经验中的碎片，就开始东一榔头、西一棒槌地做了。

解题的过程是将复杂问题转化成简单问题的过程，越是复杂的问题越需要指导思想，越需要方式方法进行支撑。相对简单的问题，在转化的过程中不是不需要指导思想以及方式方法的支撑，而是它所需要秉承的指导思想相对容易驾驭，它所需要遵循的方式方法的路径相对较短。

因为缺乏这个意义上对解题的认识，导致在听老师讲演题目以及自己解题的时候，只把注意力放在题目的演示以及结果上了。

在听老师讲演题目的时候，需要把自己的注意力对准"老师"：

（1）老师是基于怎样的信息来判定这个题目的属性的。

（2）老师是基于怎样的出发点选择了这个信息的。

（3）从这个题目的属性出发，结合了怎样的指导思想，开始了问题的解决。

（4）解决这个问题所秉承的指导思想是不是自己所了解的；如果不了解，需要马上记下来，以便在课下对其进行研究。

（5）解决这个问题所秉承的指导思想是不是自己所理解的；如果不理解，需要特别回味老师在拿出这个指导思想之前所讲的那些话，并把其中的关键词以及关键语句记录下来，以便在课下对其揣摩。

（6）解决这个问题所秉承的指导思想是不是自己所掌握

的；如果没有掌握，需要特别注意老师是如何从指导思想出发得到具体的解决方法的。

（7）老师在讲解这个问题的时候，遵循了怎样的逻辑过程，也就是先做了什么，再做了什么，最后做了什么，以及在这个过程中，是如何定性过程中的关键点的，为什么将这些点称为关键点。

（8）同时需要对第一步到第二步，第二步到第三步，以及之后每一步到下一步时所遵循的方向进行关注，尤其关注为什么要向那个方向往前走。

（9）在进行每一步的时候，都使用了哪些知识作为工具将解题过程进行了推进，这些工具在实际使用的时候都有怎样的注意事项。

（10）最后才是解题过程在形式上的记录。

一直以来，我都在说："解题的过程是成长解题能力的过程。"所以，在自己演练题目的时候，需要从以下维度对自己的解题过程进行同步审视：

（1）我们是基于怎样的题目信息来判定这个题目的属性的。

（2）我们是基于怎样的出发点选择了题目的这个信息的。

（3）从这个题目的属性出发，结合了怎样的指导思想，开始了问题的解决。

（4）在解决这个问题的时候，遵循了怎样的逻辑过程，也就是先做了什么，再做了什么，最后做了什么。

（5）这个过程中的关键点是什么，在遇到这些关键点的时候要注意什么。

（6）在进行每一步的时候，都使用了哪些知识作为工具将解题过程进行了推进，这些工具在实际使用的时候都有怎样的注意事项。

（7）最后才是解题过程在形式上的书写。

其次缺乏对那些看似信手拈来的问题的整合。一直以来，我都在跟我的学生讲这样一句话：越是简单的问题越要重视，因为简单当中往往蕴藏着不简单，这些不简单成就了那些难题的"难"。

在日常解题的最后需要去做这样几件事：

（1）把单个简单问题的解决过程放大。放大解决过程是将自己觉得没有必要的步骤也进行书写，是将思维过程全部书写下来。

（2）把它的每个步骤标注，确定它所遵循的方法。

（3）扩展到更多不同形式的简单问题，进行类化。

（4）追踪它们逐步复杂化的路径，并对其进行提炼，使之上升成为解决问题的指导思想。

以数学当中的例子进行说明。解下列不等式：

1. $x-1 > 0$

2. $x-1 < 0$

3. $-x-1 > 0$

4. $-x-1 < 0$

5. $2x-1 > 0$

6. $2x-1 < 0$

7. $-2x-1 > 0$

8. $-2x-1 < 0$

9. $ax-1 < 0$

解不等式的过程，即是确定其中变量取值范围的过程。

1. 对于 $x-1 > 0$ 这个不等式，在不等式两边同时加1，原不等式变化成 $x-1+1 > 0+1$，即 $x > 1$，到此，问题解决完毕。

2. 对于 $x-1 < 0$ 这个不等式，在不等式两边同时加1，原不等式变化成 $x-1+1 < 0+1$，即 $x < 1$，到此，问题解决完毕。

借鉴上述1、2题的解决方法：

3. 对于 $-x-1 > 0$ 这个不等式，在不等式两边同时加1，原不等式

转化成 -x-1+1 > 0+1，即 -x > 1，到此，问题还没有解决完毕，还需要对 x 的系数进行处理，此时在不等号的两边同时乘以 -1，（不等号两边同时乘以一个负数，不等号的方向发生改变），则 x < -1，此时问题解决完毕。

4. 对于 -x-1 < 0 这个不等式，在不等式两边同时加 1，原不等式转化成 -x-1+1 < 0+1，即 -x < 1，到此，问题还没有解决完毕，还需要对 x 的系数进行处理，此时在不等号的两边同时乘以 -1，（不等号两边同时乘以一个负数，不等号的方向发生改变），则 x > -1，此时问题解决完毕。

3 和 4 这两个问题相对于 1 和 2 这两个问题开始发生变化，变化在变量的系数变成了负数。如何将 3 和 4 转化成 1 和 2，此时要做的是将其系数转化成正的，这便是转化时所需要遵循的指导思想，其次是基于指导思想的方法，也就是不等式的两边同时乘以 -1，至此，问题解决。

5. 对于 2x-1 > 0 这个不等式，在不等式的两边同时加 1，结合第一个不等式的解决，原不等式转化成 2x-1+1 > 0+1，即 2x > 1，而后结合第 3 个不等式的解决，在不等式的两边同时乘以 $\frac{1}{2}$（不等号两边同时乘以一个正数，不等号的方向不发生改变），即 $x > \frac{1}{2}$，至此问题解决完毕。

6. 对于 2x-1 < 0 这个不等式，在不等式的两边同时加 1，结合第二个不等式的解决，原不等式转化成 2x-1+1 < 0+1，即 2x < 1，而后结合第四个不等式的解决，在不等式的两边同时乘以 $\frac{1}{2}$（不等号两边同时乘以一个正数，不等号的方向不发生改变），即 $x < \frac{1}{2}$，至此问题解决完毕。

7. 对于 -2x-1 > 0 这个不等式，它其实是第五个不等式的升级，在不等式的两边同时加 1，原不等式转化成 -2x-1+1 > 0+1，即 -2x > 1，此时的不等式是第三个不等式的升级，结合第三个不等式的解决，在不等式的两边同时乘以 $-\frac{1}{2}$（不等号两边同时乘以一个负数，不等号的方向发生改变），即 $x < -\frac{1}{2}$，至此问题解决完毕。

8. 对于 -2x-1 < 0 这个不等式，它其实是第六个不等式的升级，在不等式的两边同时加 1，原不等式转化成 -2x-1+1 < 0+1，即 -2x < 1，此时的不等式是第三个不等式的升级，结合第四个不等式的解决，在不等式的两边同时乘以 $-\frac{1}{2}$（不等号两边同时乘以一个负数，不等号的方向发生改变），即 $x > -\frac{1}{2}$，至此问题解决完毕。

综合 1 ~ 8 不等式的解决，我们发现如下事实：

（1）解决一元一次不等式的最终方向是求解其中变量的取值范围，此时变量的最终特征是它的系数为 1。

（2）在处理上述 8 个不等式的过程中，都在做的事情是将其中的常量变换到不等式的另一侧。

（3）在变量系数不是1的时候，需要在不等式的两边同时乘以一个数，促使变量的系数为1。

（4）需要注意的是变量系数的正负，不等式两边同时乘以一个正数或一个负数的时候，不等号的变化不同。

根据以上事实，开始解决第九个问题，$ax-1<0$这个不等式。

第一步：在不等式的两边同时加1，原不等式转化成$ax-1+1<0+1$，即$ax<1$。

第二步：对x的系数进行处理，此时需要在不等式的两边同时乘以$\frac{1}{a}$。结合上述的第四个案例，$\frac{1}{a}$这个数是正还是负并没有在已知条件中进行说明，基于此，$\frac{1}{a}$这个数在a为0的时候是没有任何意义的，所以，需要对a的正负以及为0的情况进行讨论。

第三步：当$a=0$时，基于第一步，不等式转化成$0<1$，此时，无论x取何值，不等式均成立，所以，在$a=0$时，x的取值为全体实数。

第四步：当$a>0$时，基于第一步，不等式转化成$(ax) \times \frac{1}{a} < 1 \times \frac{1}{a}$，即$x<\frac{1}{a}$（不等号两边同时乘以一个正数，不等号的方向不发生改变），所以，当$a>0$时，$x<\frac{1}{a}$。

第五步：当$a<0$时，基于第一步，不等式转化成$(ax) \times \frac{1}{a} > 1 \times \frac{1}{a}$，即$x>\frac{1}{a}$（不等号两边同时乘以一个负数，不等号的方向发生改变），所以，当$a<0$时，$x>\frac{1}{a}$。

综上所述：

当 $a=0$ 时，x 的取值为全体实数。

当 $a>0$ 时，$x<\dfrac{1}{a}$。

当 $a<0$ 时，$x>\dfrac{1}{a}$。

基于最后一个含有参数的一元一次不等式的解决，我们明确了以下事实：

（1）含有参数的一元一次不等式需要遵循分类讨论的指导思想，同时需要明确分类讨论的标准。

（2）需要通过移项的方式将常量与变量分放在不等号的两端。

（3）需要基于变量的系数决定最后不等号的方向。

复杂问题的解决路径深藏在简单问题的解决过程中，尤其是解题过程中每一步的指导思想。做题时觉得本来就是这样，无须专门拿出来，但这些看似必然的东西正是问题由简单升级成复杂时所遵循的路径。

所以，要重视眼前的简单，要将简单问题的解决过程不断放大，不去想当然，进而抽象出我们想当然的，将它作为下一步解决更为复杂的问题的指导思想以及解决方法。

我们需要记住的是，自己不是不具备上面所说的能力，而是缺乏这样处理问题的意识，缺乏这样处理问题的思维和行动力。

学会一道题，会做一类题

有的同学把提高学习能力的可能性寄托于刷题。他们最为充实的一天往往是做了很多题目的一天，这样，在晚上睡觉的时候，都会有一种沉甸甸的成就感，但这种成就感并没有提升他们的解题能力。当他们意识到这一点的时候，往往会质疑自己之前的所有努力：我做的题目不比别人少，甚至比那些学习好的同学还要多，可为什么我的成绩还是不能跟他们一样优秀？

他们忽略了自己跟那些学习高手在刷题这件事情上的区别。学习高手也会做题，但他们往往是在熟悉和验证自己所总结的思想方法，甚至是在升级自己所总结的那些思想方法。

而成绩普通的学生，做了那么多的题是在给自己提硬性"要求"，好像只要多做了就能提高成绩；是在赌气，"我就不信我做不了那么多的题"。他们只是表面上在做题，但这是"无效做题"，并不能从中获得这些题目背后的思路、逻辑与方法。

有的人认为，解题能力的成长需要研究一个具体题目的多种解法，亦即一题多解，并能在此基础上大量刷题。然而，真相是：尽管一直在追求一题多解，但仍然无法做到一题多解，也无法实现大量刷题。

在这里所说的"无法做到一题多解"，是指他们往往无法做到在无外界支持下的自主意义上的一题多解。也就是说，他们希望在解决一个问题时能一题多解，但解决当下问题的时候，往往只能从原有的角度出发，很难有创造性的解决办法，大多时候都需要外界的支持。这个支持可能是提供看待这个题目的角度，可能是新的解决路径的演示。

他们在能力上是具备的，只要外界给了这些支持，他们就能解决这个题目。但外界不能给予支持的时候，他们往往一筹莫展。这样的情况会随着年级的递增越发明显。因为在学习生涯的前期，一个题目所包含的思维量、方法量以及知识量相对偏少，随着年级增加，一个题目所包含的思维量、方法量以及知识量会越来越多。在越来越复杂的题目面前，要想找到解决问题的不同方式需要的不只是"一厢情愿"，还需要知道实现它的具体方式。

所以，在这里要跟各位父母提个醒：不要总是抱怨孩子不去刷题。他们不是不想刷，而是不能刷。一个学霸在一个小时内可以刷完20道题目，而那些学习方法不对的孩子可能连10道都刷不到。他们若是想跟学霸刷同样多的题，就要付出更多的时间与精力，但所有这些付出往往又得不到现实意义上的成长与变化。

同时还需要提醒父母的是：学习首先是建立知识认知，其次是基于认知基础把握解决问题所秉承的方法，最后是借助方法解决问题。刷题是根据之前对有限题目进行的研究，对得到的解决问题的理论或方法进行实践，是在实践过程中对自己的理论或方法进行升级迭代，是将所抽象出来的理论或方法与自己的思维合二为一，而非仅仅多做题。

要想多做题，需要具备多做题的能力，这正是举一反三的道理所在。很多学生只是知道"举一反三"这四个字，却并不知道这四个字的真正含义。所谓举一反三是说依靠事物发展变化背后的规律去解决更多问题。从形式来讲，举一反三就是刷题的过程，但不能只看到形式，还需看到内容；从内容上讲，举一反三的关键在于依靠事物发展变化背后的规律。没有找寻、把握住事物发展变化背后的规律，就想着去解决更多问题，无异于竭泽而渔，只能靠着自己的聪明临场发挥。

我们应该秉承这样的理念去面对解题：**学会一道题，会做一类题。**

解决当下这道题的目的，是掌握在这一类问题上的解题能力，促使自己能够解决更多的问题。只是做这件事跟知道为什么做这件事有根本意义上的区别，后者是一种更为高级的做事的思维方式，能确保在实际做事的过程中有一种控制的意识。在听老师讲解题目的时候，在自己解题的时候，都要时刻提醒自己：做这道题不单单是得到这道题的答案，而是通过这道题目的解决提高自己的能力——或知识能力，或方法能力，或思想能力。

任何一个题目的设置都是为了考查学生对基本知识、基本方法以及基本思想的掌握程度。简单题重在考查基本知识，知道了这个"原理"，进而熟悉，就能解决问题；如果所掌握的知识很先进，就能更快解决。中档题重在考查基本方法，能看见方法全貌，就能顺畅解决；能把握关键节点，就能很快解决；能确认过程中的知识，就能又快又准地解决。难度较大的问题重在考查基本思想，有自己的理论就能开局，把握切入点就能推进，把握逻辑就能完成。

在一个题目当中，基本知识所充当的角色是建筑材料，基本方法所充当的角色是施工图纸，基本思想所充当的角色是设计思想，解题人要做的是从设计思想出发，结合施工图纸，借助建筑材料进行施工。做事的重心不同，获得的结果不同。在解决一个具体题目的时候，首先应该把握设计思想，其次把握施工图纸，最后把握建筑材料。

这是一个从高到低的过程，也正是我一直以来传达的一个理念：高度的学习可以涵盖低度的学习。从思想出发，把握方法，熟悉知识：

这个题目所涉及的相关思想是什么？

它需要我们具有怎样的思维方式？

它需要我们从哪个角度开始解决？

在实际解决的过程中应当遵循怎样的方式？

在实际推进的过程中应当注意哪些问题？

其中的关键节点有哪些？

阶段性目标以及总目标是什么？

在实际推进的过程中需要哪些知识作为解决问题的工具，以及这些知识工具在应用的时候应该注意哪些问题？

如果你认为这只是一道题，那看到的只是基本知识，题目不同，所涉及的基本知识均有不同。这个时候，看到的题目会有千千万万。

如果认为这就是一类题，看到的是基本方法，题目不同是因为涉及的基本知识不同，但驾驭知识的方法是一样的。这个时候，看到的题目不再以个数论，而是以种类论，只是种类会有千千万万。

如果认为眼前的这道题不是一道题，也不是一种题，而是一个视角，就能看见基本思想，就能从这个题目的表现形式出发，分析出解决这个问题的方案。这个解决方案包含解决这个题目的切入点，包括逻辑以及过程中所需要的工具。同时，从这个解决方案出发，不单能解决当下这道题，还能解决与它类似的其他题目，而且能从当下这个解决方案出发得出更多类型题目的解决方案。

正所谓："纸上得来终觉浅，绝知此事要躬行。"要想学会一道题，会做一类题，还应包括训练。

训练的过程往往包括以下三个步骤：

第一步：与其做一百道题，不如将一道题做一百遍。

这里的"一百"不是一个具体的数值，它所代表的是多次去做同一个题目。这是一个重复的过程。

任何问题的解决都需要一个过程，而非借助灵感唰地一下就能解决。解决的过程不只是看，还需做，需要多做。

鲁迅先生说过："世界上本没有路，走的人多了，也便成了路。"上课的时候，老师讲了一道题，听完之后，觉得自己会了。所谓的"会"是看见这个题目的解决过程了，知道了解决这个问题应该怎样思考，应该从哪里开始，过程中会有什么，会用到什么，应该注意什么。

对于大多中等生而言，在听完老师的讲解之后，往往都会感觉自己会了，但当他们去独立完成这个题目的时候，解决过程往往不是他们所想象的那样顺畅。

学生学习好比一个老师讲课，都不是一厢情愿就能做好的。

在给学生上课的时候，我在讲完一道题之后，觉得自己讲得非常透彻，觉得学生听完讲解后对这种题目的驾驭将会跟我的讲解一样完美。但当把学生叫起来回答问题的时候，我才发现这只是我的一厢情愿。

事实上，老师输出的知识到了不同的学生那里就会产生不同的理解。

学生听课也是一样的。他们觉得老师讲的这道题自己是明白的，但在实际解决的时候却是另外的情况。

如果你在学习上感觉很吃力，那么你必须要看清这个事实，看清事实才能解决它。

在老师讲完一道题之后，觉得自己明白了、应该没有问题了的时候，一定要警醒，此时的明白，此时的感觉一定是假象。这时候应该按照老师对这道题的讲解过程，将它重新梳理一遍，而后再重新进行书写，不是一次书写，而是一次又一次地书写，直到自己能在完全不依靠任何支持下完成这道题。

在这个过程中，最难的不是梳理以及书写本身，而是执行过程中的心态。大多时候，这样的要求会让一些学生心生烦闷或抱怨，会出现"我已经听懂了，我已经会了，为什么还要再回头看，还要书写，甚至重新书写"等类似的想法。这样的心态源于：

觉得自己的做法显得很笨，觉得自己这样做会被别人看不起。

"为什么有的学生只是听一听、看一看、简单写写就学会了，而我却要比别人多付出好几倍的精力？"事实上，能把事做好的人一定是那些愿意下笨功夫的人。只有下得了笨功夫才有可能把握事物发展变化的规律，而且这个把握一定是"把得牢"。

一遍两遍三四遍，五遍六遍七八遍，九遍十遍十一遍，要想把得牢需要很多遍。

第二步：能否在更短的时间内解决这个问题。

多次梳理以及多次书写能让我们对问题背后的规律有所触摸，但这个触摸给予我们更多的只是一种感觉，并不能让我们看见规律。

如何才能使得这样的感觉在眼前浮现出来，让我们看见它？

快！

天下"武功"，唯快不攻！

只有速度足够快，才能让我们看见规律，驾驭规律。

试想，你对一道题背后的规律不能把握的时候，思维上是不是会有迟疑，迟疑会不会导致解题时间延长？

可能有人会说，写了这么多，答案都已经记住了，追求速度有意义吗？

如果在头脑中产生这样的想法，完全可以找个机会做一个试验：记住答案之后去写答案跟把握规律之后再写答案，哪个更快。

需要强调的是，提高解决问题的速度依赖于在训练过程中对解题过程的解构，否则将无法达到更快的速度。

提高解题速度需要在训练过程中，从以下步骤着手对解决过程进行解构：

这是一类什么问题？

基于怎样的信息来判定它属于这类的问题？

这类的问题往往要从哪里开始入手？

解决这类问题的先后顺序是怎样的？要先做什么，再做什么，最后做什么？

　　在进行每一步的时候都有怎样的阶段性目标，以及解决问题的大目标是什么？

　　实现每个阶段性目标的过程中会使用哪些工具？

　　这些工具在使用的过程中有哪些注意事项？

　　回答这些问题的过程是对问题解决过程的解构，也是挖掘问题背后规律的思维方式。

　　这些年的教学实践经验告诉我，解决问题所需要的技术很重要，在很多时候起着关键性的作用。就好比有了互联网，人与人之间的联系比之前更加便捷。将一个题目多次梳理、多次书写，并借助有效的思维方式对解决过程进行解构，使得解题速度更快，这便是实现"学会一个题，会做一类题"的技术。

　　技术很重要，但使用技术的人更为重要。技术很好，技术确实能帮助一个学生成长自己的解题能力，但当把这个技术呈现给学生的时候，会有多少人开始做，会有多少人能做完，会有多少人坚持去做，这些都是问题。

　　"听了那么多道理，依然过不好这一生。"不是道理错了，而是听道理的这个人并没有按照道理去活。

　　开始做，坚持做，用工匠精神去面对当下正在解决的每一个题目，把每一个题目当成一件艺术品，把每一个题目当成成长自己能力的机会。

记住，你不是在做一道题，你正在为解决千千万万的题目做准备，你是在做热身运动。

第三步：结合自己的时间去解决更多的题目，也就是刷题，也就是"反三"。

愿意在一道题上死磕，需要高瞻远瞩的魄力。

能在一道题上死磕，需要有工匠精神，需要在有效的思维方式支持下，不断地精进自己对当下这个题目的认识。

但这些还远远不够。这个世界很大，大到极尽我们的想象都无法看见它的全貌。解题也是如此，对一道题死磕，即便你怎样努力，也无法使得它包罗万象。

你需要在做完第二步之后，适当停下来，拿着你在努力之后所获得的"剑"走天涯，也就是刷题去。

这便开启了刷题的过程。这个过程跟前两步的刷题没有本质上的区别，区别在于此时的刷题是有理论指导的刷题，是开始增长自己见识的过程，也是作为中等生的我们梦寐以求的过程。

不过，在刷题的过程中，不能只是在刷题，要带着"使命"。

任何理论都是在实践过程中不断丰富与完整起来的。完成第二步之后所获得的解决问题的理论指导一定会显得稚嫩，在实际刷题的过程中一定会有瑕疵。

所以，在刷题的过程中，要以一定的量为单位，对这些题目进行梳理，多次书写，倚靠第二步当中所秉承的思维方式进行训练，升级自己的理论水平。越往后，你就越会发现，无须刻意，就能快速解决新的问题了。

三个办法应对不能解决的题目

第一步：唤醒。

不是不会，只是没有发现自己会。

在解决一道题的时候，我们会发现一个特别有意思的现象。一开始，坐在那里想来想去也做不出来，这个时候，出去走一圈，并没有去想这个题应该怎样做，但回来再看到这道题的时候，忽然就会做了。

这中间究竟发生了什么变化？

并没有发生变化，我们似乎原本就具有解决当下这个题目的能力，只是看见了之前所没有看见的一些信息。因为看见了这些信息，或者说重新看见了这些信息，让我们开始从这个信息出发做了思考，所以，会做这道题了。

那么，是怎样的事情让你发现了这些信息？假如我们是修理工，有一架机器坏了需要去修理,当走到这架机器跟前的时候,总也找不到它是哪里出问题了。这个时候,首先你会做什么?

第二步:观察。

这个观察不是在单一位置上对这架机器的观察,我们往往会上看看,下看看,左看看,右看看。正是因为上下左右不同角度地看,才让我们看出端倪。

但我们在面对一道题的时候,很多时候无法本能地从不同角度去看,往往会陷入其中,除非外部环境的刻意干预,才能让我们从原有的角度跳脱出来重新去观察眼前的这道题。

也就是说,刚刚出去走那一圈的时候,大脑没有就这个问题进行思考,当重新回到座位上再看这道题的时候,无意当中换了一个角度对这个题目重新进行审视,让我们看见了解决这个题目最关键的信息,唤醒了之前解决这类问题的经验。

但在现实中,我们无法做到出去走一圈,比如上课的时候,以及考试的时候;也无法确保在走一圈的时候能把大脑清空,不让自己进行思考;更无法确保自己能换一个角度去审视当下这个题目。

怎么办?

我们的目标很明确,就是让自己看见应该看到的信息,好让它唤醒深藏在我们头脑深处的经验。

所以,在面对一个问题不能下手的时候,需要把这个题目再从头到尾读上几遍,而且要变换不同的方式去读它。记得,这个动作一定是刻意的。

可以从头到尾默读。

可以摇头晃脑地读。

可以以一种夸张的表情读。

可以把这个题目倒着读。

……

当变着不同的花样读完之后，若还是不能唤醒你，这个时候，我们需要闭上眼睛，静静地待上几分钟。在这几分钟的时间内，不去做任何有关这个题应该怎样解的思考，只是尽最大能力还原这个题的原貌。若是到了5分钟左右还是不能把这个题目还原到自己的大脑当中，我们就需要睁开眼睛看看这个题目，看看自己遗漏了什么。

也许，在睁开眼睛去寻找刚刚没有看见的信息的时候，就会发现那个信息正是关键，它将会是我们解决这个问题的导火索，将会唤醒深藏在我们头脑深处的经验。

若还是不行，再将上面的过程重复一遍，最多三遍。

当我们能完全在头脑中还原这个题目，但还是不能下手解决这个题目的时候，要做的就是更进一步的动作了。

第三步：整合。

第一步，从自己的角度出发去看这个题目。你觉得这个题目可能在考查什么，有哪些信息可能是关键的，这个题目可以怎样做。去确定这个问题属于什么类别的问题，应该从哪里开始，遵循怎样的方式以及借助哪些工具进行。

这个时候，我们就不能再从自己的角度去看当下这个问题了，需要换成题目设计者的角度，也就是要换一种思维方式对已有经验进行重新整合。

从解题者的角度去讲，解题的目的在于锻炼解题能力。从自己所拥有的该学科的指导思想出发，结合方法，运用工具去解决当下这个问题，通过不断地、大量地解题，使得自己更好地驾驭该学科。

从题目设计者的角度看问题。题目设计者去设计这个题，一定会从他对当下这个学科的理解出发，一定会从学习了当下这个知识模块所具备的能力出发，一定会从当下这个知识模块所涉及的基本知识、基本方法以及基本思想出发，对答题者学科的认知以及知识基础进行考查。题目设计者有他的设计目的，有他的设计思想，有他的设计方法。

这个时候，我们需要做的就是站在题目设计者的角度去审视自己。题目设计者想要通过这个题考查什么？基于这个考查目的他会遵循怎样的指导思想？基于这样的指导思想他会采取怎样的方式？在这个过程中可能会考查什么工具？

以这样的思维方式，重新审视眼前的这个题目。不是我们觉得这个题应该怎样想，而是题目设计者需要我们怎样去想，题目设计者会在题目中的哪个信息上来"诱导"我们看明白他的想法，需要我们从怎样的指导思想出发寻找这个题目的切入点，需要如何开始这个题目的解决，在这个过程中会设计怎样的陷阱，我们需要注意什么才能躲避这些陷阱等。

当我们开始以这样的思维方式审视题目的时候，也许就能完美地解决它。如果还不能解决它，其中的原因可能就不是信息本身的问题了。信息可能都被我们看见了，但我们并不能把隐藏在信息背后的更多与之有关的内容进行把握，所以也就无法对我们已有的经验进行整合。

第四步：生发。

这个时候，就需要把这个题目所涉及的各个信息进行罗列，一行一行地摆在眼前，去对每个信息的源头进行揣摩，或是回过头去对相关基本内容进行阅读。

在这个时候，要记得这样一句话：从定义中来，到定义中去。回到这个问题所涉及的信息源头上去。

函数部分是高中数学的难点，也是重点。这个部分的题目对于很多初学者来讲确实不大好做，即便认真听讲，看到新的题目时也会有无从下手的感觉。

这个时候，我都会做这样一件工作：把函数的概念让学生读十遍，并在阅读的过程中，不断体会函数概念所要传达的信息。

设 A、B 是非空的数集，如果按照某种确定的对应关系 f，使集合 A 中的任意一个数 x，在集合 B 中都有唯一确定的数 $f(x)$ 和它对应，那么就称 $f: A \rightarrow B$ 为从集合 A 到集合 B 的一个函数，记作$y=f(x)$，$x\in A$。其中x作自变量，x的取值范围A叫作函数的定义域；与x的值相对应的y值叫作函数值，函数值的集合$\{f(x)\mid x\in A\}$叫作函数的值域，显然，值域是集合B子集。

通过这十遍甚至更多遍的诵读，我要让学生把握函数概念当中的这些关键点：

（1）A、B是非空的数集。

（2）A、B这两个集合当中的数通过一种对应关系f进行连接，当然，这样的连接方式（也就是对应关系）有很多种，在这里用f对所有的对应关系进行了通称。当然，同一个问题中的不同对应关系需要用不同的符号进行表示，如f、g；同一个问题中的符号f表示同一个对应关系。

（3）A、B这两个集合当中的数在连接时需要遵循这样的原则：集合A中的每一个数在对应关系f的支持下，在集合B中都有数与之相对应，而且是唯一的；集合B中的数在集合A中不一定有相对应的数，且不一定唯一。

（4）基于第三个关键点，集合A中的所有元素，即集合A中的所有数也就是自变量的取值范围，就是这个函数的定义域。

（5）基于第三个关键点，以及值域的说明，即与x的值相对应的y值叫作函数值，函数值的集合$\{f(x)\mid x\in A\}$叫作函数的值域，很显然，值域是集合 B 子集。

当然，有心人可能会看到以上五点就是这个概念当中所谈及的。是的，这五点其实就是函数概念的另一种表达，只是这个表达显得更为琐碎一些，更为详细一些，没有概念那么凝练。

但一个学生若是不能对函数概念进行多次诵读，以及在诵读过程中不断体会与思考，当然也包括在课堂听讲过程中不能对老师的解读认真听取，可能就无法看到函数概念当中所涉及的这些信息。

我在教授函数概念这部分内容的时候，不单单是从以上五个角度对函数概念进行解读，还会结合数学本身的定义——数学是研究数量、结构以及空间形式等关系的一门学科，对函数概念从另一个维度进行解读。

我常常会给学生说这样一段话：宏观着眼看结构，一个整体 $=f$（一个整体），即（　　）$=f$（　　）；微观着手看变量，自变量的取值范围叫作定义域，函数值的取值范围叫作值域。

如果一个学生不能从题目的信息出发找到解决问题的切入点，很多时候不是他不知道这个问题的类别，而是因为他对这个类别的认知没有建立起来。换句话讲，他对这个题目当中的信息没有理解到位，或只是有所了解，或只是有感觉，而不能很确定这些信息背后的发展变化规律，也就是当时的知识学习是不到位的。这可以通过回顾信息的源头补足，但更应该把知识学习过程中应该做的事情做足。

学数学，到底用不用记和背

好多人都说，数学根本不用记和背，只需要理解就行了。不出意外的话，这样想的孩子，数学成绩往往也不会太好。

为什么这么说呢？因为在他们看来，数学成绩特别好的同学从来没有记和背，所以自然认为，数学想要学好，压根儿不用记忆。而事实上，数学成绩特别好的孩子只是在很短的时间里面完成了记和背。例如，看到一个公式、定理、推论的时候，他们可能只需要瞅一眼，或者顶多花上 2 分钟，这个知识点就已经深深地刻到他们头脑当中了。

而数学成绩不太好的孩子要想记住这个知识，可能需要 3 分钟、5 分钟，甚至 10 分钟的时间。所以，他才有了这样的错觉：学得好的孩子，根本不用记和背。

其实，只是学习好的同学基础更好，记起来更快而已。不只是数学，任何学科的学习都是如此。如果说满分100分，你的英语成绩在95分以上，你去记一个新英语单词的时间可能只需要1分钟；如果说你平时成绩在85分左右，那么你去记一个英语单词的时间可能需要5分钟；如果说你的成绩在60分或60分以下，可能记一个英语单词的时间要15～20分钟，而且你遗忘得更快。

同样，数学成绩越高，代表了他对数学知识的理解越深刻，更加到位，他掌握了问题背后所存在的数学规律，所以，他瞅一眼新的知识就记住了。不是死记硬背，而是对系统知识的融会贯通，所以一旦记住，就不容易忘记。

我曾经是高中的数学老师，所以我对于数学公式、定理、结论、推论，包括一些新的解题思路会特别敏感，很多时候，瞅一眼我就知道了症结所在。如果相同的问题放在一个语文老师面前，他可能看了3分钟也找不到切入点。

这个现象的根本在于，学习水平越高，认知水平越高，你对于知识的把握也就更有效率。

记和背，其实是学好数学的第一个坎儿。我以前教数学的时候，首先要引导我的学生把数学中所涉及的基本的概念、定义、结论、推论等先多读几遍，尽量记住。记住之后，才能理解知识背后的规律，进而把握这个概念、推论所要呈现的意义。

接下来，我一般会对知识进行阐述，把他"一眼就看懂"的对象通过我的阐述，让学生看见。看见之后，学生未必就掌握了，所以要把这个新学的知识或者思路写下来，再多念上几遍。

第一次的记和背，记的是有形的东西，而现在要记忆的是无形的东西。把有形的跟无形的都记下来，这个时候你的数学才能够真正学好，你在后续解题的时候，才能够做到又快又准。

为什么大家觉得数学学习时的记和背没有用呢？因为大家记的都是有形的东西，只是死记硬背。而真正有效的记和背，一定是对知识进行深度理解之后的，要把有形的东西进一步地解构，变成无形的思考。如果你真正记住了，就说明你理解了。所以，不要拒绝记和背。

我很多时候会讲："你要想理解，你得有理解的对象呀。如果你脑袋里面都没有东西，你去理解啥啊？"

有个学生跟我说："老师，关于单调性的这一节，我学得不是很好。"

我问他："那什么叫单调性呀？我们在讲单调性之前，还讲了一个增减性的概念，那么，你知道什么叫增减性吗？"

然后他就被问住了。

你看看，他不知道什么叫增减性，也不知道什么叫单调性，那么在做题的时候，他怎么可能去理解题目的意思呢？

你想要理解某个知识，必须先在脑海里植入一个理解的对象。

所以，首先你必须记住有形的东西，即概念、知识点、定理、推论等。

其次，通过记住有形的东西，再记住老师的讲解过程。

最后，你就慢慢地生发出了自己对这个问题的理解，你的理解是一种无形的东西。而无形的东西就是在将来指导你学习，让你在解题时能又快又准的非常好的理论。

那这个记忆的标准是什么呢？我们要做到一个什么样的度？

我得出的结论是：越多越好，越熟越好，越先进越好。

"越多越好，越熟越好"这还是比较好理解的，"越先进越好"怎么理解呢？

例如，我曾经经常问我的学生，一个点关于一条线对称之后的那个点的坐标是多少？

他回答："这个问题简单呀。两个点的中点就在中间的这条线上面。这两个点连起来的线，跟中间这条线垂直。"

我继续问他："任意一个点（x_0, y_0）关于任意的一条线 $Ax+By+c=0$ 对称之后的那个点的坐标，是多少呢？算算吧。"

这一算得多长时间呢？至少 8 分钟。

但是另外一个在班里属于"学霸"的孩子，他就会这么说："老师，这很简单啊！任意的一个点（x_0, y_0）关于 $Ax+By+c=0$ 对称之后，那个点的坐标是 $\left(x_0-2A\dfrac{Ax_0+By_0+C}{A^2+B^2},\ y_0-2B\dfrac{Ax_0+By_0+C}{A^2+B^2} \right)$。

他几乎瞬间就得出了结论。

前面我询问的那个同学，他也知道两个点的中点在这条线上，可以用中点坐标公式去解决。并且他知道，这两个点的连线跟中间的这条线是垂直的，所以它们斜率的乘积等于-1。但是，他所知道的这些东西，比起后面那位同学，就不够先进。

什么叫先进呢？很早之前，你要听音乐得买一台录音机；你需要打电话的时候，得买个大哥大；你要计算的话，需要买一个计算器。今天呢？你只需要有一部手机，统统可以搞定。手机相对于前面的录音机、大哥大、计算器，是不是先进很多？

对于知识的学习也是如此。公式、定理、结论、推论等这些东西，是解决数学题目的一个工具，那么对于工具而言，我们的要求一定是越多越好，越熟越好，越先进越好。

记忆、背诵等是学习要过的第一个坎儿。第二个坎儿是方法的梳理，第三个坎儿是思想的建立，这些我们在后文会讲到。如果你连第一个坎儿都迈不过去，那么第二个坎儿和第三个坎儿也就只能马马虎虎凑合着越过去。

所以我觉得，但凡能够问出"学数学要不要记忆和背诵啊"这个问题的孩子，他的数学成绩往往都不会太好，而且越往后越跟不上。

有什么样的认知，就会有什么样的成绩，你只能得到和你所在的层次相匹配的分数。

提升知识理解能力，具备"方法意识"

高度的学习可以涵盖低度的学习。

一个人对于自己正在做的事情的定位，决定了他所做事情的重心在哪里，决定了这个过程中所采取的一系列方式，进而决定了这件事的最终走向。

学生应当具备方法意识

《不射之射》是一部由上海电影制片厂出品的动画电影，讲述了春秋战国时期一个名叫纪昌的人学习射箭的故事。

纪昌是春秋战国时期的赵国邯郸人。纪昌从小就梦想着有朝一日能成为天下第一神射手。于是，纪昌打算拜邯郸城里的名射手飞卫为师，向他学习射箭。

飞卫的箭术确实了得。百步之外，指定一片柳叶，他也能稳稳地射中。

但当纪昌准备拜飞卫为师的时候，飞卫却说他还不能收纪昌为徒。飞卫告诉纪昌，纪昌若想学习射箭，得先学会不眨眼。

听完飞卫的教诲以及要求之后，纪昌二话不说，回家之后就开始练习不眨眼的功夫。先是单纯练习不眨眼，再是躺在妻子的织布机下面看着梭子练习不眨眼，经过两年的练习，纪昌练就了一套不眨眼的功夫。

当纪昌再去找飞卫拜师学习射箭的时候，飞卫依然没有收纪昌为徒。

飞卫在听完纪昌的成果汇报之后，拿出一粒米，然后拿笔在米粒上写了几个字，拿给纪昌看，问纪昌能不能看见写的是什么字。纪昌表示看不见，飞卫紧接着给纪昌展示了自己在这个方面的能力，同时告诉纪昌，当纪昌什么时候学会把小的看大了，他就可以收纪昌为徒了。飞卫的行为充分说明了飞卫是一个好老师，他确实打算收纪昌为徒，确实打算好好地教教这个徒弟。

这个时候，纪昌继续发挥了作为"优等生"的品质，当老师告诉他射箭需要做什么的时候，纪昌不折不扣地去做了。纪昌相信飞卫的箭术，相信飞卫让他做的事一定可以帮到自己。

回家路上，纪昌看到路边的流浪汉，便向流浪汉要了他身上的虱子，用妻子的头发把虱子系上之后挂在窗户上开始看，夜以继日地看，看了三年。三年之后的纪昌把一个小小的虱子看成了一匹马。

当纪昌把虱子看成一匹马那么大的时候，自己在家里拿出弓箭做了几次试验，发现自己这几年尽管没有练习射箭，但居然能做到百发百中。

这个时候，纪昌作为一名优等生的收获期开始来了。

当他把这个消息告诉飞卫的时候，飞卫非常高兴地收纪昌为徒，开始教授纪昌射箭的技艺了。

纪昌的学习速度非常快，也就短短几个月时间，纪昌就把师父的射箭技艺全部习得了。

同时，飞卫告诉纪昌，他已经可以称得上是天下闻名的神射手了。

当然，这个故事到这里还没有结束，我将会在后续的章节继续给大家讲纪昌如何从天下闻名的神射手走向箭术的最高境界的。

纪昌花费5年多的时间成为天下闻名的神射手，好比一个中等生将自己"变为"学霸一般。

1. 习得意识。

我们需要始终相信：我们对这个世界的认识一定是片面的。我们无法让自己的眼睛看到这个世界的全部，无法让自己的头脑想到这个世界的全部，无法让自己的双脚走遍这个世界。但是，在有生之年，我们若是能看见更多，想到更多，走过更多，我们的人生终将是幸福的。

那么，如何才能看见更多，想到更多，走过更多？

唯有通过学习，通过彼此之间的互相学习，将这些认知孤岛连接起来，这便是我们一直在做但没有意识到的习得意识。

纪昌相信：要想成为天下第一的神射手需要向他所看见的那些高手去学习。

2. 能看见方法。

任何一个事物，无论是认识它，还是解决它，都有方法。

既然是方法，就有切入点，就有从切入点开始的流程，就有阶段性的目标以及总目标，就有实现阶段性目标所需要的工具。

在打算开始向他人习得方法的时候，要有这样的意识：在习得方法的过程中，要对习得的对象按照一定的方式进行解构。

在习得之后，要拿着一定的思维方式对对象进行审视。

纪昌相信师父飞卫让自己这样去做一定有他的道理。因为不眨眼，所以他的专注力更加到位；因为能把小的看大，目标能看得更加清楚，这便是成为神射手的切入点。

3. 按部就班地去经历。

在看见方法之后，需要始终记得此时只是看见，只是习得的开始。

接下来要做的是按照方法去经历全过程，绝不能只是头脑上的经历。

眼过千遍，不如手过一遍，说的就是这个道理，因为大脑知道跟身体知道不是一回事。

经历的开始一定是模仿，按照已知的方法按部就班地进行，进行的过程一定是一丝不苟、严丝合缝、不折不扣的，并且一定是身体上的行为。

在整个学习射箭的过程中，纪昌没有表现出任何不情愿，完全按照师父飞卫的要求去执行。

4. 完全复制，直至变成本能。

但身体上的行为绝不能只是复制一次，否则只是水过地皮湿，不能深入事物的内核之中。

一定要多次、完全地复制方法，直至能在极短的时间内执行方法。

在这个过程中，纪昌不只是按部就班地做，他在做这些事情的时候，尽自己的最大努力做到极致。也正是因为这样，师父飞卫才愿意教授他真正的射箭技艺，而非一开始就教授他射箭的技艺。

5. 一句话解决方案的提炼。

因为能在以上四个层面做到位，即便没有老师的指导，也能解决大多数问题。就像纪昌同学在练习完把小看大之后，在家里练习时就已经能很好地射箭了。

不过，还是因为师父的指导，他才能把自己的实力发挥出来。飞卫这个时候的指导就好比射箭技艺的理论，理论是事物发展变化背后的规律，是把一件事做成做好的"理"。把握了规律，把握了"理"，才算把握了事物的"魂"。

6. 理论指导实践，在此过程中要具有升级迭代的意识。

只指导是远远不够的，还需要基于对"规律""理""魂"的理解开始实践。所以，飞卫教授纪昌学习射箭的过程是：先告诉纪昌射箭的方法，再告诉纪昌其中的关键，接下来是要遵循的理论，然后演示给纪昌，再让纪昌演示给他，基于纪昌问题再次演示，让纪昌再演示给他……如此循环往复，直至到达最高境界。

理解知识的"两重性",把学到的知识用起来

知识是解决问题的方案,它同时具备经验性与工具性。

因为它的经验性,它可以作为工具来解决问题。知道了总价 = 单价 × 数量,就知道在买东西的时候该付多少钱。

同时,知识作为解决方案在它的形成过程中,对知识学习者的思维方式以及方法论进行了改造。

在学习上尚未开窍的同学,在学习中多数时候意识到的只是知识的经验性。尽管知识作为解决方案,在它的形成过程中也在对我们的头脑进行改造,但因为我们不能意识到,导致我们不能关注到这个过程,最终即使有改造也是不彻底的,得到了知识也不明晰。

知道为什么在做这件事,相比只是在做这件事,区别在于前者用理论驾驭自己的行为,身体知道,大脑也知道;后者只是身体知道,

大脑不知道。所以前者的学习效率要高于后者，同样听了一节课，同样知道了一个知识点，前者能做到举一反三，后者只能就事论事。

这就要求我们在面对知识学习的时候，意识到知识作为解决问题的工具，不应仅仅停留在简单地使用它，还应当对知识作为解决方案的形成过程进行深入的理解，并能借助其中所涉及的方法论，对自己的头脑进行改造。这才是真正的知识学习。

知识学习的过程

任何知识的存在绝不是无来由的，它一定是我们人类在生存与发展过程中基于问题而产生的，知识的发展路径也一定是遵循底层的思维路径向前发展的。

就好比西方经济学的开始有三个基本前提：

第一个基本前提假设是理性人假设，又称经济人假设，或最大化原则，是西方经济学中最基本的前提假设。

第二个基本前提假设是信息完全假设，价格机制是传递供求信息的经济机制，信息完全假设具体体现在自由波动的价格上，最大化原则加上完全竞争假设才能推导出信息完全假设。

第三个基本前提假设是市场出清假设，它与前两个基本前提假设具有明确的因果关系，是前两者的逻辑推论。现代经济学的发展围绕着对这三个基本前提假设的反思而展开。

就好比欧式几何的公理体系，它的开始是：

1. 任意两个点可以通过一条直线连接。

2. 任意线段能无限延长成一条直线。

3. 给定任意线段，可以以其一个端点作为圆心，该线段作为半径作一个圆。

4. 所有直角都全等。

5. 若两条直线都与第三条直线相交，并且在同一边的内角之和小于两个直角和，则这两条直线在这一边必定相交。

依托于此，才有了后续的所有问题。

知识的背景以及知识的生成过程会提供给我们解决问题的底层思维，为此，需要我们从这个意义上开始自己的知识学习过程。

知识学习的第一个原则：课本是根本

课本是最好的学习资料，但很多同学往往会把它搁置在旁，不去对它深究，从而失去了找寻知识的背景以及知识的生成过程的可能。

课本要认真地读，还要结合更多的相关资料读，而且要在读的过程中不断去问自己下面的问题：

【发生条件】为什么要学这个知识，今天要学的这个知识是基于怎样的背景提出来的？这个知识背景即是我们所想要解决的问题，我们的所学不解决问题只能算是信息。

【问题模型】要解决的问题是什么？要从问题出发，结合目标，抽离主要矛盾，形成问题模型。

【思维方式】解决这个问题需要有怎样的准备？这个准备包括工具意义上以及思想方法意义上的准备。

【方法论】解决这个问题需要从哪里开始？也就是解决问题的切入点——基于宏观意义上的分析、判断，从宏观进入微观的路径。

【注意事项】解决这个问题要遵循怎样的流程，以及该流程各个节点应遵循怎样的目标、原则，使用怎样的工具？

基于上述这些问题所形成的解决方案，即是我们所要学习的知识。能不断地对知识学习过程进行审视，所获得的知识即是真知识。随着真知识的不断累积，思维方式会不断升级，方法论会不断完善，工具会越来越先进，知识的延伸、递进、创造、发展就会成为可能，从普通走向卓越也就有了很好的基础。

知识学习的第二个原则：重复是关键

回到前面所谈及的一个例子：

一个点 (x_0, y_0) 关于任意一条直线 $Ax+By+C=0$ 对称后的点坐标是 $\left(x_0-2A\dfrac{Ax_0+By_0+C}{A^2+B^2},\ y_0-2B\dfrac{Ax_0+By_0+C}{A^2+B^2}\right)$。

这是一个知识，知道它就可以解决一个点关于一条直线对称后的那个点的坐标问题。对于这个问题而言，只需要这个知识就可以解决它，这个知识就是解决此类问题的解决方案。

但解决一个点关于一条直线对称后的点的坐标问题，换作另外一种方式进行解决的时候，就会发现要想解决这个问题，就需要多个知识，或是多个解决方案的相互配合才能解决。

回忆一下我们在上述章节所谈的：

第一个知识：一个点关于一条直线对称后的那个点与原先的那个点的中点是在那条直线上的。可以借助两点中点坐标公式这个工具得到中点，同时把这个点代入直线方程。

原先的那个点的坐标为（x_0，y_0），任意一条直线的方程为 $Ax+By+C=0$，对称后的点的坐标是（x，y），依据上述条件得到下面的算式：

$A\left(\dfrac{x+x_0}{2}\right)+B\left(\dfrac{y+y_0}{2}\right)+C=0$。

第二个知识：对称前后的两个点的连线与该直线垂直。可以借助两条直线的对应变量的系数乘积的和为 0，即经过这两点的直线的斜率可以表示为：$k=\dfrac{B}{A}$ 经过（x_0，y_0）。（x，y）的斜率借助直线的斜率公式可以表示为：

$\dfrac{y-y_0}{x-x_0}=\dfrac{B}{A}$。

第三个知识：至此，就写出两个算式，将这两个算式组合成一个二元一次方程组，这个方程组当中的（x_0，y_0），以及 A、B、C 均为已知，是确定的，而后根据二元一次方程组的解法，经过运算，就可以得到结果。

我们今天所学习的一切知识都是能够解决问题的，否则只能称为信息。当下所遇到的某个问题可能只需要某个单一的知识就可以解决，也可能需要多个知识相互配合才能解决。单一知识是这个问题的解决方案，多个知识相互配合也是这个问题的解决方案。区别在于前者的效率要高于后者，前者是后者的升级整合。知识作为问题的解决方案是从问题出发，结合对问题的判断，对已有知识进行整合，同时它又将作为被整合的对象嵌入其余问题的解决过程中。

也就是说，前者作为一个知识是从后者而来的。前者是对后者进行一般化、标准化的产物，它是一个新知识，具备先进性。

对已有知识进行一般化的过程即是对知识的背景、知识的生成过程、知识的表现形式、知识的工具价值重新审视的过程。

我们应当明晓：知识作为问题的解决方案是对其余知识的整合，它在解决问题的时候具有工具性。

这就需要我们从两个角度开始审视当下所学习的知识：

一、这个知识作为解决问题的经验要靠积累，同时这个经验要能支持自己去解决即将遇到的问题。

二、这个知识成为一个知识的过程，即对其他知识的整合过程是我们所要把握的。前面一个是鱼，后面一个是"渔"，鱼要抓得住，"渔"更要抓得住。也就是说，知识本身作为问题的解决方案既有宏观意义，又有微观意义。基于要解决的问题，它是动态的，是发展的，是变化的，不能用一成不变的眼光去看待它。

而对已有知识进行一般化所需要遵循的原则便是"重复"二字。

我们面对知识学习常常犯的一个错误就是，走完这个解决方案的形成过程就认为自己把握了这个知识。

跟着老师走完解决方案的形成过程，能否代表我们把握了知识？这从解题结果可以看出来。考试结束之后，老师们往往会指着考卷上的很多题目质问你:"解决这些问题所需要的知识有哪个不是我在课上所讲过的,哪个知识是你当时不知道的?"

是的,解决考卷上的那些问题所需要的知识,都已经被老师讲解过,甚至还被强调过,但中等生在考场上要么干脆不知道那个知识,要么用那个知识解决问题的时候总显得模棱两可。

这个现象所凸显的问题便是没有将老师所讲解的知识进行一般化。

能按照解决问题的逻辑或是跟着老师的讲解走下来,仅代表能从形式上顺下来,并不代表能独立解决这个问题,更不能代表对这个问题的解决过程有了把握。

要想真正地把握知识点或问题的解决方案,需要问自己的第一个问题:能否在不借助任何外界的支持下独立完成这个问题?

也许不够幸运,我们不能。这个时候,我们要确定不能的点:是不能开始,还是不能继续?

不能开始是因为缺乏对这个问题的判断,进而缺少针对这个问题的想法。不能继续是因为缺乏对这个问题解决流程的宏观把控以及缺少工具的支持,进而缺少对各个流程节点的控制。

因此,我们需要按照解决问题的标准方案重新走一遍,甚至很多遍。这个走首先是形式上的走,通过多次的走,实现形式上的顺畅;而后是内容上的走,开始关注这个问题是怎样开始的,各个流程节点是如何连接的,各个流程需要怎样的工具支持以及这些工具在使用上应注意什么,开始关注这个问题是如何收尾的。

这个过程是基于标准方案的模仿。多次模仿，把握住标准方案才能从形式走到内容。

但对标准方案在内容上的把握并非结果，这只是重复的第二步。

要想实现对知识的掌握以及运用还须进行下一步工作。

要开始问自己第二个问题：能否在极短的时间内独立书写这个解决方案，并能感受到思维快感？

3分钟处理一个问题跟3秒钟处理一个问题，在结果意义上的差别也许并不明显。不分学习能力的高低，可能大家都能解决同样的问题，但在解决问题的高度上会略有差异。这个差异，在我们日常的知识学习过程中似乎表现得不明显，我们在对该问题进行讨论时，也差别不大，但这个差别会默默地逐渐加大彼此之间的距离。

例如，在遇到其他类似的问题时，就开始展露出来。3秒能解决原先问题的同学，往往能很快地结合原有思路开始解决新问题；而3分钟解决原先问题的同学，可能无法解决或需要花费更长时间才能解决新问题。从形式上来看，我们会说前者具备很强的知识迁移能力；从内容上来看，前者把握的不仅仅是原有解决方案的形式与内容，还把握了其中的规律。

规律源于形式与内容的剥离，可以借助不同的形式与内容进行呈现，呈现出来的样子是新的，可以解决相类似的问题。所以说，3秒钟能完成一个问题的处理所代表的不单单是速度，还代表着对问题解决方案背后所潜藏的规律的把握。

这就要求我们在完成第一个问题之后，开始第二个问题的主动意义上的刻意训练。这个训练不应是解决方案的记忆，不应是书写速度上的训练。尽管这两个意义上的训练也能实现快速解决问题，并能感受到解决问题带来的成就感，但这并不是我们所应追求的，因为这样的刻意训练并不能让我们感受到源于思维上的成就感。

基于第二个问题在主动意义上的刻意训练从形式上来看是重复行走的过程，在内容上却是对解决方案进行一般化的过程，为此需要针对以下几个方向开展：

（1）看见了什么？

（2）想到了什么？

（3）都做了什么？

（4）都用了什么？

（5）能解决什么？

基于第二个问题的刻意训练，要从上述五个方向对解决方案本身进行解构，这个解构会促进我们对解决方案背后关键性内核的把握。

训练思维方式，才能成功突围

上文当中的第一个问题以及第二个问题支持下的知识学习，仍是对已有知识的学习，但这是远远不够的。因为任何知识的生成都是基于对问题的思考，囿于问题所处阶段的不同、原有知识经验的不同，再加上人的认知局限，所以，随着新的与之相关问题的发现，就需要结合新问题对旧问题重新定义，才能更好地解决新问题。

但不是所有人都能对问题重新定义，也不是一个人能对所有问题重新定义。重新定义需要对问题有极其深入的研究与思考，需要第一个问题以及第二个问题的支撑。就像乔布斯在发布第一代 iPhone 时，苹果公司包括乔布斯本人在这个领域内已经有了多年的从业经历，同时第一代 iPhone 的开发也经历了将近三年的时间。

第一个问题以及第二个问题支撑下的知识学习是有章可循的，是前人栽树、后人乘凉，只需认真努力，按部就班就可以做到。但想要对问题进行重新定义，就需要结合已知的知识，从知识的源头出发，从当下新问题出发，重新思考，才能开始知识的延伸、递进、创造、发展的过程。

学习知识的过程是从 0 到 1，对知识的延伸、递进、创造与发展是从 1 到 100，甚至更多。只是这个时候不再有章可循，需要换一种新的思考路径，而新的思考路径的产生依靠的是思维方式。

稻盛和夫是日本的一位企业家，被称为"经营之神"。他在书中常常讲一个公式：一个人的成功 = 思维方式 × 能力 × 热情。其中思维方式的取值在 -100 到 100，能力的取值在 0 到 100，热情的取值在 0 到 100。

稻盛和夫认为一个人想要在事业上获得成功，不单单取决于自身的能力以及热情，还取决于自身面对事业的思维方式，而且思维方式起着极为关键的作用。

多年的教学实践也给了我同样的启示：学生想要在学业上取得更高成就，不单单要关注考试，进行考试训练，还要对自己的解题能力进行训练，更要不断增进认知水平，但这些还不够，还需要增进学习知识的思维方式。

思维方式就好比一台电脑的 CPU，方法意识就好比一台电脑的操作系统，品质心性就好比一台电脑的配件。

知道如何应对考试，知道如何提升解题能力，知道如何成长认知水平，但没有思维方式的成长，那就无法发挥出更大的效用。

要有"进得去"的思维方式

我们要想实现跨越式成长,需要遵循怎样的思维方式?

进得去是一种思维方式。在看到眼前的任何对象的那一刻,我们就是对象本身,要跟对象一起感受变化与发展,并结合已有的经验感知变化与发展的规律,对它可能的趋势进行预判。

"触摸其存在,感觉其规律,预测其趋势"。这 15 个字是成长进得去这个思维方式的方法论。

大多学生之所以学习不开窍、很吃力,是因为在学习的时候,总是把自己置身事外,只是在外部去看事物发展变化的轨迹,只是在随着事物发展变化的轨迹往前走。

试想,一个学生在上课听讲的时候,他只是在跟着老师的讲解往下听,而没有站在老师的角度去审视当下这个问题。他听讲的最大感受会是什么？就像是刘姥姥进了大观园，满是新奇，看多了，脑袋就会发蒙，不知所措，甚至开始犯困，之前的所见所闻如浮光掠影，不能把握住。

很多学习能力不足的学生，总是处于这个层次的核心。

年级越高，思维方式对学习效率的影响越大。在初中后期，常常会有一些学生在听课的时候，显得有点心不在焉，有的时候甚至会闭着眼睛，用手托着脑袋。我们以为他没有听讲，但他偶尔也会抬起头，对于老师所提出的问题也能在第一时间回答，答案甚至可以称奇，课堂笔记也记得非常棒，当然，考试成绩也非常棒！

为什么？

他在课堂上是在听，不过这个听是超越式的听。他闭着眼睛，用手托着脑袋的时候，老师对这个问题的讲解与他的预判是一致的，他只是在验证；他抬起头来的时候，是他的预判与老师的讲解发生了偏差，他正在调整自己所把握的规律，正在重新预判问题的发展、走向。

他们在听讲的时候所遵循的即是进得去的思维方式。

要想拥有进得去的思维方式，只需遵循这15个字：触摸其存在，感觉其规律，预测其趋势。

知道这15个字并不等于就能够拿着这样的思维方式去实践。

思维是有惯性的，要想遵循这样的思维方式去做事，需要在真正做事之前有大量的训练。

一个学生有一道题做错了，经过他人的提醒或讲解之后知道应该怎样解决了，但在下一次出现相同问题的时候，他还是会走老路，还是需要别人的提醒或讲解。在别人第一次提醒他之后，他本来觉得再遇到这个问题或类似问题的时候，一定能把自己的思维调整过来。但当这个问题出现在他眼前的那一刻，他还是本能地选择了第一次的思维方式去面对这个问题。

改变一个人真的是太难了，尤其是思维方式上的改变，不是不知道，而是知道了之后并不能在实际行为中实施。

这便是大脑知道跟身体知道的区别。

怎样才能让这样的思维方式在我们的身上落地呢？

训练。

下面给出两个小办法帮助大家训练进得去的思维方式。

第一个办法：看金鱼。

准备一个小鱼缸，放上水，里面放一条金鱼。每天在固定的时间看，比如每天晚上8点，每次10分钟。眼睛平视鱼缸，看着鱼缸里面的金鱼。在看着金鱼的时候，把自己想象成金鱼。在这个过程中，感受金鱼游动的规律。

在金鱼静止不动的时候，感受它的身体，同时对它可能游动的方向进行预判。在开始游动的那一刻，对自己的预判进行验证，如果不一致，进行调整；如果一致，记住这个规律，并对之后游动的方向进行预判。

在金鱼游动的时候，感受它的身体，同时对它可能停下来的位置进行预判。在金鱼停下来那一刻，对自己的预判进行验证，如果不一致，进行调整；如果一致，记住这个规律，并对之后停下来的位置进行预判。

第二个办法：观察植物的生长过程。

准备一颗种子，以及相关材料，确保它能生根发芽。每天在固定的时间观察训练，比如每天晚上 8 点，每次 10 分钟。以最舒服的姿势去观察植物的生长，在每天看着植物的时候，把自己想象成那棵植物。

在这个过程中，感受植物生长的规律。

第一天的时候，结合自己所感受到的植物生长规律，去对第二天的生长情况进行预判。

第二天的时候，将自己的预判与实际的生长情况进行对比，若是不一致，调整之前所感受到的规律，对第二天的生长情况进行预判；若是一致，强化自己所感受到的规律，并对第二天的生长情况进行预判。

循环往复。

把握"进得去"的过程,让你不断进阶

在进得去的思维方式的训练过程中,不是一下子就能把自己变成观察对象本身感知到规律并预判准确的,它一定需要一个过程,这样的能力是逐步成长出来的。

在刚开始这样训练的时候,一定会感觉到无聊,一定会感觉到无意义。不知道自己坐在那里在干什么,尤其是在观察植物生长的过程时。

植物的生长过程是一个非常缓慢的过程,很难用肉眼观察到,除非将它的生长过程全部拍摄出来,并将拍摄视频加速播放才能看得见。在观察金鱼游动与静止的时候,也会觉得无意义,因为金鱼的游动与静止太没有章法了。

当看着这一切的时候,若是不能忘掉自己,不能将自己变成观察

对象，时间会变得非常慢，大脑会一片空白。这个阶段，我往往称为无意识阶段。

当开始忘掉自己，把自己变成观察对象的时候，就能看见细节，就能开始结合自己的体验对其背后的规律有感知了。

这是一个不断深入的过程。随着时间的增加，能看见的细节会越来越多；随着细节的不断累积，观察对象会变得越来越丰满，越来越清晰，此时就能通过观察对象看待周围的环境了。

每个人眼睛当中的世界是不一样的。金鱼的世界和植物的世界也不一样，金鱼的游动与植物的生长都在遵循着自己的世界观，当看见的细节越多，当观察对象本身变得越来越丰满、越来越清晰的时候，它们所遵循的世界观将会被你发现。这个阶段，我往往称为进入阶段。

因为不断地进入，开始能感知到观察对象变化发展的规律，能对它可能的趋势进行预测。

只是这个时候感知到的变化规律还只是特定对象的变化规律。这个世界上还有更多的观察对象，不同的观察对象在形式上有着不同的变化规律，需要从此出发嫁接目之所及的其他对象。

不过，这个时候的嫁接无须刻意，它会随着你对观察对象的感知自然地加入进来。

这个阶段，我往往称为发散阶段。

万法归宗。

这个世界上的万事万物都在遵循着相同的法则运行。之前的你之所以不能体会到这一点，是因为你从未从观察对象的角度出发去看待这个世界，是因为你从未感知到观察对象眼中的世界。当你能从观察对象的角度看待这个世界并感知这个世界的时候，你会发现观察对象眼中的世界跟你眼中的世界是不一样的，但也正是因为这个不一样最终造就观察对象眼中的世界跟你眼中的世界是一样的。

这个阶段，我往往称之为归拢阶段。

这四个阶段是思维能力不断升级的过程。升级的过程是借助思维方式对事物变化发展所遵循的规律进行不断淬炼的过程。它是通过不断重复"触摸其存在，感觉其规律，预测其趋势"这个全过程所换来的。

要有"出得来"的思维方式

出得来是一种思维方式。基于这种思维方式，当下所关注的对象本身既作为整体存在，也作为部分存在。

还记得前文当中的墨耘同学吧？相信很多人都很好奇李波老师在当时给了墨耘同学怎样的指导，使得她的成绩在那么短时间里有了飞速提高。

那时，我送给墨耘同学一段话，源自王国维先生《人间词话》当中的一段话：

> 诗人对宇宙人生，须入乎其内，又须出乎其外。入乎其内，故能写之。出乎其外，故能观之。入乎其内，故有生气。出乎其外，故有高致。

我跟她说:"这段话,你要好好读,好好体会,并结合你从这段话当中所体会到的看待问题的思维方式,对当下正在学习的数学知识以及题目进行整合,并以文字的形式写下来。"

关于墨耘同学的数学学习情况在前文当中已有简要说明,她该知道的都知道,甚至对那些超出范围的也知道,很多问题都能回答得头头是道,但这些能力并不能促成她在考试中取得很好的分数。其中的根源在于,进入高三之后的考查更侧重综合性的考查,更侧重知识与知识连接的考查,而她之前的知识积淀都是点状的,没有连接起来。单就其中一个点去看的话没有问题,而一旦连接起来,她就显得有些吃力了。

她缺的不是连接的能力,她缺的是将知识进行连接的意识,缺的是出得来的思维方式。

之后与墨耘同学的接触并非讲述具体数学知识以及相关题目,而是探讨对出得来的思维方式的理解。

出得来的思维方式要求我们能把眼前的对象既看作整体,又看作部分。

在整体观的支撑下,思维中只有对象本身。这个时候,对象本身所包括的全部元素组成了对象,需要看到这些元素是如何连接形成对象的,需要在此意义上去思考它们的连接方式是怎样的。

在部分观的支撑下,思维中除了眼前的对象,还有别的对象。此时眼前的对象只是更大整体中的元素,这个时候,需要明确所要研究的对象与别的对象之间一定是有连接的，需要找寻到所要研究的对象是如何与其他对象进行连接的，它的哪个元素起了最为关键的作用使得它与别的对象进行了连接，以及它们的连接方式是怎样的。

同样，出得来的思维方式也需要在我们的身上落地。

把握"出得来"的过程，让自己进阶

在出得来这个思维方式的训练过程中，不是一下子就能把眼前的对象看成整体，同时又看成部分的，这样的能力是逐步培养出来的。

人们往往会这样描述不同的人的学习能力：第一种人不用教，第二种人用言教，第三种人用棍教，第四种人用什么教都不行。

这四种人的学习能力的差异一方面源于先天资质，另一方面源于觉悟。

第一种人不用教，不是说他不向他人学习，不是说他不需要别人教他，而是说，他自己在面对成长的时候，很明确知道自己要什么，知道自己应该怎么做可以得到。所以，他的学习效率会很高，往往能在极短的时间内抓住问题的关键，并掌握它，还能在原有基础上迭代升级。

第二种人用言教，是说他需要别人告诉他为什么要做这件事，他需要在别人的引导、演示、强调之下才能看见问题的关键，并掌握它，很多时候并没有想着去迭代升级。

第三种人用棍教，是说他是在别人刻意的要求下，带着很大的情绪去做事，他需要在别人的引导、演示、强调下才能对问题有感觉，很少能把握问题的关键，也就谈不上完整、顺利地解决问题了。

第四种人用什么教都不行，无论是讲道理，还是刻意要求，他都不去做这件事。即便有引导、演示、强调，但他都视而不见，很多时候，只是对问题有所了解。

很明显，第一种人是自发地去做事，第二种人是因为被说服而去做事，第三种人是被要求去做事的。

不同出发点导致对事的审视方式不同，也就是思维方式不同。

对于第一种人来讲，他是自发地去做事，他的目的很单纯，就是要把眼前的这个事情解决。这个时候，他的思维是兴奋的，是活跃的，他会对事本身进行研究，也就是把当下这个事作为一个整体来看待。当不能解决的时候，他就会本能地从这个点跳脱出来，把当下这个事当成一个部分，寻找与之相联系的事。

对于第二种人来讲，他是被说服的，他因为相信别人的引导而去做事，但那个引导背后的出发点往往不能被他发现。所以，当这个事情放在他眼前的时候，这个事情就是全部，他会从别人的引导开始看见这个事情，从演示开始进入这个事情当中，会随着强调进入这个事情的细节。他能做好当下这件事，但因为不能从这件事中跳脱出来，所以不能驾驭这件事，在实际应用的时候总显得不够游刃有余。

对于第三种人来讲，他是被要求着去做事，是带着情绪的。他在审视当下这个事情时，他的思维中除了当下这个事之外还有别的事，当下这个事情只是他的思维中的一个部分。所以，即便有别人的引导、演示、强调，他也只是看到外在形式，无从把握关键。当然，他也没有想着要去把握这个事的关键。

自发地去做事的觉悟从何而来？

首先是信念。相信站的位置不同，对象本身是不同的。

站在山脚下看到的风景与站在山顶所看到的风景是不同的。当我们站在山脚下的时候，我们需要告诉自己，此时所看到的风景定会因为自己走到山顶而发生变化。

在面对当下不能解决的问题的时候，当借助进得去的思维方式对对象本身进行审视还不能解决的时候，要知道当自己能出得来的时候，这个问题本身一定会发生变化，将不再会是自己当下所纠结的样子。

其次是定位。站得越高，才能看得越通透。

高手之所以被称为高手，是因为他在一开始做事的时候就有把这件事做到极致的定位。

再回到前文所讲的《不射之射》中的纪昌身上。纪昌在拜飞卫为师、学习射箭之前就有自己的定位：成为天下第一神射手。在跟着飞卫学习射箭的过程中，尽管在旁人看来只是门槛级的要求，纪昌还是能坚持去做到别人达不到的程度。也正是因为这样，纪昌才练成了成为天下闻名的神射手所需要的基本功，才让飞卫愿意倾囊相授，才能成为天下闻名的神射手。

而纪昌之所以没能成为天下第一神射手，一来跟飞卫师父能教给他的有关，更跟纪昌本人的没有自我觉知有关，否则他不会在一开始提出成为天下第一神射手的定位，不会在听完飞卫对他的箭术评价（飞卫在教完纪昌之后，告诉他现在可以称得上天下闻名的神射手了）之后向飞卫挑战，想战败师父，甚至想杀掉师父，更不会在见到第二个师父甘蝇的时候，炫耀自己的箭术了。

一个有觉知的人，不会提出成为天下第一的定位，他知道人外有人、天外有天，无论做何事，只有更好，没有最好；他相信学无止境，会不断做事，而且是自发地做事；他知道自己要关注的不是要比别人强多少，而是要比昨天的自己再精进一些。

所以，想要成为第一种人，想要拥有出得去的思维方式，还需在自我觉知上不断精进。

纪昌跟飞卫决战之后后悔万分，飞卫也庆幸自己没有死在学生纪昌手上。这个时候，飞卫向纪昌推荐了峨眉山上的甘蝇。

在此之前，飞卫对甘蝇也只是道听途说，就像很多年后，人们对纪昌的神奇箭术称道一般。飞卫没有见到过甘蝇的箭术，也没有找过甘蝇去学习射箭。这也是纪昌跟飞卫之间的区别，飞卫对自己的当下是满意的，但纪昌不是这样的，因为他有信念，他有定位，他想更进一步。

也正是因为纪昌想要更进一步，他才开始有机会自我觉知。

纪昌到了峨眉山见到甘蝇的时候，他的内心充满惊讶与怀疑，惊讶这个世上还有这么老的人，怀疑甘蝇是不是真的如飞卫所说的那样厉害！所以，纪昌一见到甘蝇，就急不可待地展示自己的箭术。

看完纪昌的箭术，甘蝇没有飞卫那样严肃，而是笑盈盈地把纪昌带到悬崖边上，指着悬崖边上的一块巨石，示意纪昌站在悬崖边那块巨石上表演他的射箭。当纪昌站到巨石之上的时候，巨石开始晃动。巨石晃动的时候还有不少石块落下悬崖，纪昌心惊胆战，双腿发软，直接就趴在了巨石上，这个时候，射箭也就谈不上了。

没承想，甘蝇竟然玩跳着上了巨石，还通过晃动巨石做热身运动，而且他竟然没有拿弓拿箭，只是用双手做出射箭的姿势就把天上的鸟儿射下来了，而且鸟儿还是活的，还能继续飞。

纪昌跟着甘蝇在峨眉山上待了9年。9年之后的纪昌跟之前相比有了特别大的变化，这个变化不是纪昌给大家所表演的箭术，而是他的风貌。

即便是当年的飞卫，在见到纪昌的时候，也发出了惊呼：这才是真正的神射手啊！赶紧过来给纪昌行礼。

回到邯郸后，纪昌从未给人表演过箭术，但关于纪昌射箭是怎样厉害的传言甚嚣，一度跟后羿相提并论。

纪昌在峨眉山上的9年究竟跟甘蝇师父学了什么？《不射之射》

这部电影没有谈，但结合多年的教育思考以及教学实践，我发现任何一个能自我觉知的人都做到了以下六点：

（1）能把心放在肚子里而非提在嗓子眼儿那里，能把脚扎在地上而非轻飘飘的。

（2）能看见自己，也能看见别人，知道自己跟别人是一样的，又是不一样的。

（3）能让自己张开双臂去拥抱整个世界。

（4）能从当下所经历的每一件事上看到积极的因素，并选择积极的态度。

（5）能让自己卑微下来，按部就班地去做简单而具体的事。

（6）能让自己严肃去面对任何事情并保持赤子之心。

结语

　　总之，一个能觉知到自我的人，即是一个有觉悟的人；一个有觉悟的人即是拥有进得去、出得来思维方式的人；一个拥有进得去、出得来思维方式的人即是拥有方法意识的人，即是能对知识学习的全过程进行把握的人，即是能对解决问题的全过程有把控的人，至于结果也就是自然而然的事情了。

　　不同的觉知水平决定了在学业成长这条路上最终能走多远。衷心希望所有的学生都能从觉知自我开始去成长、觉悟，升级思维方式，拥有方法意识，提高认知水平，锤炼解题能力，实现自己在现实意义上的目标。

　　我们需要始终相信，我们不是没有取得优异成绩的可能与资质，只是没有碰到让我们顿悟的机缘，或是没有碰到合适的人告诉我们应该怎样拥有这些资质。

　　我想，这就是我的这本书想要给你们的。

第四部分 4

家长课堂：
帮助孩子提高学习兴趣和学习效率

在家学习心浮气躁怎么办

每到休闲的时光，比如寒暑假，我都会不断地跟大家强调四个字：弯道超车。

是的，有心的孩子最近一定不闲着，他们很忙，很充实，就像一支蜡烛，外表很安静地燃着，内在却忙碌着发生化学反应，要发光发热。

但是，我想要问各位同学一个小小的问题，那就是，你有弯道超车的意识，你有要去学习的强烈愿望，但是，你拥有学习的心境吗？

很多学生是不懂得何为学习的心境的。他们焦灼而拖沓，看上去忙忙碌碌，但是一无所获，因为内心不安，学习的时候，惦记着娱乐；娱乐的时候，良心又不安，即便他们坐在那里，你也知道，既没安神，又无静心，人是不动，但感觉每一根神经都在跳动。

任何一位妈妈看一眼，都明白，孩子没学进去。可是究竟为什么没有学进去，却不太明白，只能急切地怒吼，特务一般盯梢，跟孩子一般跳来跳去，既不安神，又不静心。

那么，究竟何为学习的心境？

借助一首小诗，大家细细品品：

> 学习只是一种生活方式
> 没那么严肃，也没那么凝重
> 只需找一个角落
> 些许宁静，些许舒适
> 安顿好我们的肉身
> 带上我们的心灵
> 开启一场愉悦的灵魂之旅

是不是非常美？

一个少年，端坐在书桌前，态度认真，身体却很松弛，泰然自若地沉浸在知识的海洋中，畅游着，时而皱起眉头，时而微微笑着。窗外的光阴一点点走过，天色渐渐暗下去，直到整个屋子都被夜色包裹，他才抬起头，看一眼窗外，笑着摇摇头，仿佛在自嘲：你怎么这么专注，忘了时间流逝？

看到这里，你是不是也不由得神往？

那么，我们究竟怎样才能拥有这样一种学习的心境呢？

两点建议送给大家：

第一，同一段时间，只做一件事。

讲一个小故事。

我的同事有一个女学生，参加我们的讲座已经一年多了，原本那天的回访是要和妈妈商量，怎样能够让孩子从心理上和学习状态上更上一层楼。结果，意外地，我们的同事却被孩子的妈妈"圈粉"了。

这位妈妈之前做的是管理工作，讲效率，讲结果，很能干，但是，因为家里86岁的老人需要照顾，女儿又恰逢青春期，种种不适，她只好放弃工作，回归家庭，导致再无升职的机会。

刚开始的时候，她内心很愤懑，觉得自己对家庭的牺牲这么多，可为什么看不到收获？她纠结焦虑，心神不宁，往往一点小事就会发火。

后来，一次偶然的机会，她开始关注我分享的文章，一篇篇文章读下来，一堂堂讲座听下来，她豁然开朗。她明白了，既来之，则安之。

接下来，在家里的这4年，成为她生命中最美好的时光，她开始从小我的偏执走出，融入大我。

她说，之前自己看书、学画，都是做样子给孩子看的，认为"我学了，你也应该学吧"。可是，现在呢，当她在写字、画画时，孩子跟她讲话，她却像听不见一样，甚至会告诉孩子："我的灵感正源源不断,不要打断我。"

孩子很好奇,追问她这是一种怎样的感受。在这种追问中,孩子也开始真实地感受到了学习、探究事物的乐趣。

她说,因为脾气急,以前心都卡在嗓子眼儿,现在却变了,不论看书、学习,还是跟孩子相处,都是气沉丹田。

再举个例子,很多家庭主妇都被各种家庭琐事困扰,因此伤神,但我的妻子赵老师是个例外。

整整6年时间,赵老师一个人带着两个小男孩,一边思考,一边学习,一边写作,一边分享教育知识。

我每天出门工作,赵老师在家看护小孩,洗漱整理,无论怎样艰难、不顺遂,我们都会想办法,不会为此纠结、分心、伤神。她说:"我是一个主妇,这里就是我的战场。"

她说,这几年陪伴孩子的时光教会了她很多,让她真正理解了什么叫"把一件事做到极致"。

不只是母亲,父亲也是如此。我们怎样才能带好孩子,做一个好家长?我们不仅要教养好孩子,更要参与到孩子的生命中去,和他一起体验成长。

做父母的,一定要拥有成熟的心性。所谓成熟的心性就是,你是否肯卑微下来,去做简单而具体的事情。在每一件事情上,我们都可以获得成长。成长更关乎的是品质,而不是你做了什么,做了多少。

2017年年底,我们还有线下课,一位陪同的妈妈引起了我的注意，她总是焦灼不安，走来走去。

后来，看到孩子的变化，她也深受触动，反思说："我错了，我每天焦虑，这种焦虑像病毒一样传给了儿子。例如，他在那边学数学，不一会儿，我就冲过去，说：'你也该赶紧学学英语呀，英语单词也得背呀，不能顾此失彼。'可是，过一会儿他学英语了，我又冲过去说：'你数学没学多久，怎么就学英语了，一点都不专注。'我儿子说：'妈妈，你让我怎么办？'儿子玩游戏，我从他背后走过，什么话都没说，他就会默默把手机关掉。可是，他坐在书桌前，又学不进去，惦记着手机。我老公骂我，说：'你看看，你把孩子都搞成什么样子了？'"

是的，心神不宁的妈妈，带出了心神不宁的儿子。因为想要抓住更多的东西，最终什么都抓不住。看似做了很多，看似永远在学习，看似永远求上进，看似永远在勤奋，但是，永远都没有进步。

古语讲：既来之，则安之。同一时间，只做一件事，才能拥有一个恬静的学习心境。

第二个建议，既要记得远方，也要懂得珍惜当下。

前阵子，一位高三的男生给我打来电话，他焦灼得不行。问我："老师，我的学习效率还是太低呀，一天下来做不了多少。你说，怎么才能一上午复习三门课？"

我反问他："为什么要一上午学三门课呢？为什么不能一上午只学一门课呢？"

一上午只解决一门课，你才能有充分的时间由入门到最后把握内核，刚有点感觉就换一门课，何时才能把一门课学通学透？

正确的做法，其实这个孩子应该知道。可是，为什么他今天忘了呢？

因为，对结果的执着让他急于求成，心态浮躁，而忘记了成功的规律：饭要一口一口吃，路要一步一步走。再远的路，再坚定的目标，也是经由过程来实现；把握住当下的每一个瞬间，做好应该做的事，持之以恒，总会走到终点。

最关键的是：对目标最好的坚守，其实是学会全身心地享受过程。因为，目标本身没有什么意义，而过程，才是最值得我们珍视的。高考考上"985""211"大学，高兴是一瞬间的，而最让我们回味无穷、毕生难忘的，是为自己理想中的大学奋斗的过程。

人生不是一个又一个结果，若是那样的话，也太乏味无趣了。人生是一段旅程，你知道你要去哪里，这很重要，但又没那么要紧。最要紧的是，这段旅途中，窗外的清风，一路的颠簸和汗水，内心的欢腾曲折，所见所闻，所思所想，百转千回……

一瞬，也是永恒。

最后，我想对孩子说："沉浸在此刻，享受此刻，你就是在鲜活地活着，而不是考上了大学或者功成名就了才算活着。那样的话，人生，也许只是几个短暂的片段。"

管好学习，先从管好情绪开始

有句话，我和我妻子时常挂在嘴上，用来警醒自己。因为见人越多，阅事越多，越觉得这句话金玉一般宝贵。

这句话就是："一念之差误终身！"

一念之差误终身

这句话虽然听起来简单，但是我想，但凡上点年纪的人，如果你对自己足够诚实，回过头把这几十年的时光捋一捋，也许都会百感交集地讲一句："这句话真对呀……"

人生其实很短暂，没有那么多空间和余地来容纳你的诸多错误。

更多的时候，往往是一个小小的念头，似乎错了那么一点点，差了那么一点点，结果，你的人生就一步错，步步错，最后，耽误了好多年……甚至白了少年头，空悲叹！

一念之差误终身！可是，这"误终身"又是怎样产生的呢？

我想，除了偏见、狭隘与无知之外，还有一个很重要的原因，那就是这三个字：情绪化。

我们每一个人应对自己人生和外界的方式一般有三种：

第一，情绪主导；
第二，利害主导；
第三，信仰主导。

情绪主导的人，面对自己人生或者外界的时候，他的抉择依据是瞬息万变的情绪：我高兴，我愤怒，我开心，我痛苦，我消沉，我无力，我恐惧，我担忧，我不能够，我害怕，我逃避，我冲动……

他们的人生被情绪绑架，他成为情绪控制下无力反抗的一具肉身。情绪，就是意志。情绪指到哪里，行动就跟到哪里，命运就流向哪里。

一旦情绪失控，命运也就失控了，于是，出现了很多可悲可叹，甚至是当事人追悔莫及的悲剧人生。

由利害主导的人，就会多一点理智。他们会分析，怎样对我是有利的，怎样对我是有害的，两害相权取其轻。利害主导情绪，有利就开心，有害就厌弃。

信仰主导的人呢？他们有一套自己在理性上追求的标准、原则和信条。符合他的人生信条和信仰的就去做，哪怕与自身利益不和；不符合自己人生信条的，就不去做，哪怕利益再大。

无奈，大多数人的人生在情绪和利害中挣扎起伏，被情绪绑架，最终在莫可名状的情绪中，生出一个莫须有的念头，进而毁掉自己的一生。

说了这么多，我想表达的是，父母最要紧的是要教会孩子进行情绪管理。

孩子学会管理情绪很重要

之前我接过一个电话，孩子的父亲常年有外遇，困境中的母亲苦苦哀求，求孩子爸爸能够回归家庭。最后，无奈之举，竟然在朋友的见证下，双方达成协议，孩子在18岁之前，父亲可以自己在外面随便交友，但是，不能离婚。

他们在用自己以为好的方式给孩子提供保护，但是，孩子却在成年人的虚伪和将就中，受到了莫大的伤害。

才15岁的孩子一头扎进了社会，开始抽烟、喝酒，逛酒吧，交往不良朋友。她恨薄情的父亲，更恨无能懦弱的母亲，她以破罐子破摔的姿态来报复父母。

这是情绪化的极致。

也许再过十几年，回首人生时她会感慨，为什么一怒之下以自己的人生为代价来报复父母，太惨痛，也太不值！

我还遇到过一个案例。父母三观颇正，从小对孩子管教也极严，孩子很优秀，初三的时候，虽然成绩稍稍下滑，但仍然考上了一所重点中学。

高一的学习是繁重的，竞争更是残酷的。之前初中阶段的资优生，今天聚在一个班里，面对面竞争，在这种环境中，她产生了极大的不适。

她妈妈告诉我，课堂上，孩子只要看到别的同学写字，她就手心出汗，抖到无法握笔，常常半个小时不能恢复；老师提问的时候，她看到班里其他同学齐刷刷举手，她的精神一下子就垮了，心神不能凝聚，对老师的话一句也听不进去。

她是极爱惜形象的。不单是学习上的形象、道德上的形象，还有外在的形象，可是，她自身相貌普通。之前，因为成绩好，还可以聊以自慰。可是现在，成绩不断下滑，她每天进教室的时候，都芒刺在背，仿佛有无数双眼睛在看着自己："哼，某某同学，这么笨，这么丑，哈哈哈哈……"

其实，这不是个案，很多女孩子，尤其高中女孩都有这种情绪；而很多男孩，内向、敏感、自尊心太强，家教过严，或者背负家庭期待过高的，也都深受这种情绪困扰。

他们的问题出就出在：深陷困境的时候，被包裹、逼索的，都是情绪，而不是理性。

在孩子的成长中，必须完成一些大的转变，其中第一大转变就是：思想要从幼稚转向成熟！幼稚的标志是被情绪驾驭，成熟的标志是被理性驾驭。用情绪驾驭自我，驾驭人生，和用理性驾驭自我，驾驭人生，有着天壤之别。

遇到自己不喜欢的老师，或者遇到一个不喜欢自己的老师，就一怒之下尥蹶子不干了，这叫被情绪驾驭。

因为父母打骂自己，或者父母做了出格的事情，就一气之下，和父母对着干，或者为了息事宁人，压抑自己，顺从父母，这叫被情绪驾驭。

而有的孩子，当他的善意、他的智慧、他的抉择被父母粗暴否定的时候，他放下情绪，告诉自己："没有关系，让我用事实来向你们证明，让我用时间来让你们放心吧。"

然后他低下头，坚定地去做事，在长久的做事中，用行动和结果来收获别人的信任。这，就叫作理性。

这样的理性，这样的镇定，这样的坚守，这样的定力，得出来的就是两个字：正念！

念正，人正；人正，身正；身正，行正；行正，走得就直；走得直，路就越走越宽，越走越长。人生，就会越来越光明！

否则，就是：念不正，人不正；人不正，身不正；身不正，行不正；行不正，就会走偏；走得偏，路就越走越窄，越走越短，人生，就会越来越灰暗！这就是一念之差误终身！

三个答案，让孩子学会管理情绪

"为什么那些理性、成熟的孩子，都是别人家的孩子？我的孩子却如此情绪化呢？"

我给你三个答案。

第一个答案：情绪化引发情绪化！

恕我直言，我们很多父母自己就是一个没有长大的孩子，被重重的情绪缠身、裹挟，就像上文中出现婚姻问题的父亲和懦弱的母亲。说实话，婚姻失败不是什么大问题，离婚也不是什么大问题，但是你怎么处理这个问题是一个大问题。

父亲出轨本质上是一个中年男性的摇摆和自私，妈妈不愿意离婚本质上是一个久居室内的中年妇女对人生担当的恐惧。

注意，这里面都是情绪，一种不自觉的情绪。情绪化的父母用情绪化的方式，来面对自己的婚姻。于是，孩子也用情绪化的方式来报复自己的父母。父母这二人中，只要有一个人有理性，敢于面对现实，冷静成熟地看待自己的婚姻，并且坚守自己的立场，这个问题就可以得到一个更为理想的解决方案。而孩子看到的，也会是两个独立、理性、有担当的成年人。

情绪化，引发的必然是成绩下滑，骂、打、唠叨、逼迫、不允许吃饭、不允许外出、摔手机、砸电视、痛哭流涕地指责、抱怨、口不择言地谩骂……我们在家庭中教会孩子的是情绪化处理问题的方式。孩子看到的是情绪，学会的也只能是情绪。

第二个答案：规矩过度，引发情绪化。

无规矩，不成方圆。但是，规矩过度会适得其反。

这种伤害对孩子而言就是面对环境与自我之间的矛盾时，他不知道除了情绪上的压抑，还有其他解决问题的办法。过度立规矩的父母，通常都要面子，而面子这个东西，迎合了外界，就会压抑内心，内心压抑过度，就会丧失精神上的自由意志。由此而产生的，就是如毒气一般的情绪。想要迎合外界，保全面子，遵守规矩，可是，又无法放下自我，于是，外界与自我之间的撕扯，就成了痛苦、愤怒、压抑和狂躁。

父母一定要记住：规矩之外，是空间。规矩很重要，空间也很重要。就像我们国画的留白，也是艺术的一部分。

第三个答案：父母引发孩子情绪化。

父母常怪孩子不独立。

其实，真正离不开孩子的恰恰是父母。

我知道，在很多单亲家庭，或者父母关系不和的家庭中，孩子被动地成为一方或者双方情感寄托的对象，进而成为父母一方精神上的依赖和支撑。

"宝宝，你是不是跟你爸一样也不要我了？"
"妈妈离不开你，只要你好好的，我就高兴，我这一辈子就靠你了……"

"你要是这样，我以后可怎么办呀？！"

……

原本应该是父母给孩子提供精神支撑，现在却变成了孩子要承载父母的情绪、情感，要填充他们的生活，要对他们负责任。

出于对父母的爱，他们要努力承担；但碍于年幼，他们又无法担负。重负之下，必有情绪！

在多年的家庭咨询当中，我见证了很多孩子的成长。我最大的感触就是，每一个孩子都是好孩子，品行端正，热爱生活，善良、积极、上进、聪明，可是，无论是成绩徘徊在低位的孩子，还是重点中学的学霸，在成长的过程中，都缺了一课，这一课，就是情绪的管理。

而这一课的根源，在家庭中，在父母身上。

还是那句话：孩子看到的是情绪化，就学会情绪化；孩子看到的是利害，就学会利害；孩子看到的是信仰，是理性，是成熟，是担当，学会的就是信仰、理性、成熟、担当！

父母最要紧的是要教会孩子这件事！不要总盯着孩子的成绩和分数，只要你教会了他管理情绪，孩子的分数自然会节节升高！

如何处理孩子的叛逆

一个孩子在 12 岁到 15 岁之间,最典型的表现是四个字:半睡半醒。

在这种半睡半醒的状态之下,孩子又会呈现出另外四个字:又臭又硬。

所谓臭,指的是他的脾气;所谓硬,指的是他的主意很正。

你去看看自家的孩子是不是情绪波动比较大,可能一言不合脸就变了,一言不合就开始发脾气。

还有就是,你想让他干什么,他就是不干,非要按照自己的方式往前走。有的家长问我:"我想引导我家的初中生,我该怎么办?"

如果你也有类似的困惑,我送给你两句话:

第一句话,你要学会感化他。第二句话,你要学会去腐蚀他。

感化他是什么意思呢？他处于半睡半醒、睡眼蒙眬的状态，去面对整个世界的时候，会缺乏一种安全感。外面稍微有一点动静，他就害怕了，内心就紧张了，他会不知所措。

这时，他的情绪就会产生，会用脾气掩饰心中的无助和不安。

所以，在面对初中生的时候，家长要学会用爱去感化他，要让他感受到他能够从你那里获得温暖。我们不妨经常去拥抱他，给他足够的关怀和爱护。拥抱的本质是跟孩子进行肢体上的接触，身近而心近。要适当地保持身体上的亲密感，跟孩子多拉拉手，多拥抱，轻轻抚摸他的头，和孩子进行一些能显示出亲密感的互动。

当你能够很好地跟孩子交朋友，甚至有"一起疯"的状态时，你就会发现，孩子的情绪慢慢地平和下来了，你很容易就能走进他的心里，这就为我们下一步去"腐蚀他"做了很好的准备。

什么叫"腐蚀他"？

意思就是你要悄悄地、默默地、慢慢地去改变他的主意。记住，一定不要明面儿上反驳他的主意，而是要暗中影响。这就叫和平演变，逐步渗透。

正确的爱，换来一个爱学习的好孩子

看《大秦帝国之裂变》，秦孝公苦恼秦国人才稀少，国强民富遥遥无期。下属安慰他说："求贤令已经起作用，不是已经来了很多人才吗？"

秦孝公气愤地讲："什么人才！都是小才，若无大才提纲挈领，要这些小才有何用？！"

提纲挈领？真是好论断！

到底是拉开秦国强大序幕的一代英主，一语中的。

我们抚养一个孩子长大的过程中，也有许许多多要抓的点，很多时候，按下葫芦起了瓢，常常顾此失彼。那究竟哪一件事才是那件提纲挈领的大事，是牵一发而动全身的要害呢？

思来想去，就一个字：爱。

两个字：会爱。

八个字：享受爱孩子的过程。

很多父母说，哪家父母不爱孩子呀，我们都爱过头了，每天吃饭，肉堆他碗里；买了昂贵的三文鱼，我们都不动筷子，紧着他吃；吃的要有机，穿的要生态，自己能将就就将就，这还不够爱吗？

还要怎样才叫爱呢？

其实，我从来不怀疑父母爱孩子的诚意，但是，我们今天要讲的不是爱的深浅，而是爱的觉悟。

是的，爱也要讲觉悟，爱也要讲方法，爱也要讲境界。否则，错误的爱，给了还不如不给，给了也会害了孩子。

那究竟要怎样爱孩子？我说三点，大家记好：

第一件事：爱他而不占有他。

在我们大多数父母的眼中，爱等于占有。因为爱，所以占有他；因为占有了他，所以更爱。爱来爱去，占有来占有去，我们跟孩子这两棵树呀，底下的根早已连在一起，上面的枝叶也纠缠在一起。

我们长在一起了，结果悲哀了，一山不能容二虎，一小方水土只能养一个人。

阳光呀，雨露呀，春风呀，朝气呀，本来供给一个人的，现在两人共享，必然有一个人匮乏。孩子跟父母之间如果形成这种"共生"关系，也必然有一方要牺牲。

当然，大多数时候，牺牲的是孩子。因为，意志精神更为强悍的都是父母。

孩子年幼，精神弱，思想浅，仰赖父母扶养，哪怕争论，有时都战不过父母。父母要你干啥就必须干啥，你不听话，你就是理亏；你不听话，你就是不孝，你就是叛逆。就像交了一份作业，如果你不唯父母的意志是从，上面批的就都是叉叉叉，这份爱，已经成绑架了。

占有的后遗症是什么？就是情绪化。

很多父母怪孩子动不动就耍性子，情绪化，走极端。知道孩子为什么这样吗？

第一，讲道理讲不过你。再是真理的道理，到了你这里，统统不管用，就剩下强权了。

孩子的愤怒积聚起来了。

第二，窒息。空间太窄，伸展不得，就像一大家子住在一个窄屋里，摩肩接踵，言语相扰，谁不恼火？

所以，你若爱孩子，就让他松一口气。让他跟你在一起，感到舒服、自在，气息自然畅通，想说就说，想静就静，这时，他就会去想一些真正要紧的事，就不会被逼到脑袋昏昏，要找手机消磨时光了。

第二件事，爱不是代劳。

很多父母自己单身的时候，其实也是一个懒散青年，挥霍时光，不事生产，忽然有一天生养了孩子，就变为劳动模范，看不得孩子受苦，看不得孩子亲力亲为。

孩子扫个地，"走开，我来"；孩子洗个碗，"走开，我来"；孩子洗一双袜子，"走开，我来"……

一则，要孩子把时间都放在学习上；二则，担心孩子做不好，怕孩子太累。然而这些活儿，你一旦沾手，一辈子就都放不下来了。殊不知，这样做是害了孩子。

我常常说："何为心，心不是一块血肉，凡知觉处皆是心。"

凡知觉处，就是你目之所及，手之所触，足之所行，身体力行处，皆有知觉，皆有心在。

现在很多孩子为什么写文章没感受，读书没体验，学物理、化学入不了门？因为生活经验太少了。长到12岁，白白净净，连水都没自己烧开过，连包方便面都没有自己泡过。酸甜苦辣，一无所知，站在离地一尺的地方，仙风道骨地活了十几年，怎么知心酸，怎样知感恩，怎么知蒸发，怎样识转化，连这样的常识都没有，怎么理解概念？

一切学问，都源自生活。就像曹雪芹先生在《红楼梦》中讲的："世事洞明皆学问，人情练达即文章。"

爱不是代劳，爱是放他去体验，去经历。无论是春风细雨，还是凛冽寒风、风刀霜剑，人生的滋味，就在这五味杂陈处。否则，白来人世一遭；否则，何以识得好歹？

该受的苦，让他去受，受了，他就懂珍惜了；该做的事，让他去做，做了，他就懂得处事了；该耐的劳，让他去忍耐，耐了，他的人性就扎实了；该受的委屈，有时候也真得受，受了，他就有了宽度，有了厚度，有了张弛，胸襟就博大了。

当然，有人说，我不要我的孩子做人上人，他只要幸福就好。但你更需知，平凡人受的是平凡的苦，这琐碎繁杂的庸常，很多时候，就像稻草一根一根压上来，也很熬人的意志，吃不了这些接地气的苦，你连平凡人都没得做。所以，真爱孩子，有时候，就得狠下心来，看他受苦。

父母不是上帝，能替孩子代劳一切，能替他定制一个世界，把他打理得舒服安逸，在做这些之前，你要问问自己：

你是在养宠物，还是在养孩子？

你又能保护他到何时？

让这两个问题，帮你醒醒脑。

第三件事，爱不是牺牲，而是双赢，是共享。

很多父母爱孩子是真爱，但是，爱的形式是什么？

孩子在做作业，自己想看手机，狠狠心，克制住；孩子拉你聊天，自己觉得无聊，只好一边做饭一边应付；孩子想跟你玩，你敷衍几下，恨不能躲一边跟邻居聊天……

这爱的形式，看起来可真不够甜，似乎在受刑。很多父母把这叫牺牲，但，爱是牺牲吗？

相爱的情侣，每时每刻都想在一起，傻傻的话讲上一天都不厌烦。哪天对方呼一口气都厌烦，这爱就消散了；哪天跟对方谈话都得鼓足勇气，想半天词，感觉疲惫，这爱就枯竭了。

所以，爱一定是甜蜜的，是共享的，是让彼此都如沐春风的。爱是给予，也是收获。但在我们很多父母眼里，爱就是给予，甚至是牺牲，而绝不是一起享受好时光。

很多父母问："我的孩子为什么老捣乱，不学习，难管教？"因为他感觉不到你的爱，他要折腾一下，来验证一下你的爱。

就像他还是个小宝宝的时候，哭闹一定是需要父母的。

我们要走过去，看看他是不是饿了，是不是尿了……如果都没有，就爱意满满地抱抱他，给他充足的安全感。

给孩子满满的爱，家长也会享受其中。每天，我和妻子工作繁杂，浑身疲惫，但只要回家看到两个儿子，俊朗、健康、顽皮……再烦心的事，都会烟消云散。

所以，不要强迫自己爱孩子，不要强迫自己为孩子牺牲。**一切的**

关系，要想深刻长久，都要一起去享受整个过程。

哪天你觉得自己委屈了，觉得自己为了孩子牺牲了，付出了，赶紧停下来，问问自己，为何不舒服？

不要做怨妇。一边自我感动，一边自我标榜，一边又埋怨这个埋怨那个。一定要很开心，很享受，你的爱才能圆圆满满，像心流一般，流淌到孩子心里。

有了这样的爱做土壤，自律、上进、好学，都会如庄稼一般，兴冲冲地长起来了。

你说，这是不是我们家庭教育中"提纲挈领"的一件顶要紧的事？

如何让孩子自律、成熟、爱思考

经常看到一些父母似乎并没有怎么费力，孩子就很优秀。但是，有些父母使尽了浑身力气，一哭二闹三上吊，都没法子教育好孩子，究竟是为什么呢？

因为，方向永远比努力重要。

就像你要从山西来北京，却不停地往西走，你能来得了吗？能力越强，工具越先进，但方向反了，你越到不了目标。

我曾经说过一句话："听话的孩子，是不需要思考的。"我们不妨问问自己，是希望孩子"听话"，还是希望孩子爱思考呢？

大部分家长会选择后者，但他们在实际操作过程中，却走向了前者。

那么，如何引导孩子思考呢？其实并不难办，只要我们在家里，做三个小小的改变，就可以达到目标。

一、啥都不用干，就是容得下

遇事有主见的孩子，身上都是带刺的（当然，刺扎人的程度取决于他的修养），换句话讲就是，他不是那么好摆布的主。

因为，凡事他都会问一个"为什么"——

为什么邻居老爷爷为老不尊，总是乱丢垃圾，乱骂人，你非要我见了他礼貌地打招呼；为什么小孩一定要听大人的话，大人也会讲错，孩子也有对的时候；白天学的东西我不是都掌握了吗，为什么还非要做作业，这不是形式主义吗？为什么非要努力学习争第一，做一个普通人，难道就不可以吗？

你看，小脑袋一开动，一套一套的，如果他不是你的小孩，不急于教导，平心而论，你是不是也觉得他的想法是有些道理的？

世上之人，熙熙攘攘；世上之事，纷繁复杂。都不是用一个简单的道理就可以讲通的，而是要结合背景、事实反复思考的，有些道理用在这件事上是对的，用在另外一件事上就是大错特错的。

不用说我们这些普通的父母，即便是再有智慧的人，也不敢说自己全知全能。尤其是对于那些我们没有亲身参与、亲眼所见或未曾深入思考过的问题，更是如此。知道自己不知道，这本身就是智慧的表现。

所以，父母在家要做的第一件事，即是放弃左右孩子想法的念头，相反，我们要允许他不听话，甚至允许孩子有"奇怪"的想法，因为，真正的明事理，就是从这里开始的。

这叫从混乱当中找出方向。

就好比要写一篇文章，一定是一个从混乱走向清晰的过程：

第一步：我有一个想法，这个想法混混沌沌，还不太清晰，但是没有关系，我一点一点慢慢地想，渐渐就知道了，噢，我要写一篇如何让孩子变得更聪明、更有主见的文章。

第二步：基于这个想法，我开始安排文章结构，写草稿，为什么叫草稿呀？就是因为乱呀，杂呀，但是，你要有，没有前面的潦草，就没有后面的规整。

第三步：草稿写好了，好，我放在那里两个小时，忙别的去，然后，再过来进行修整，一点一点，也许一篇文章我要翻来覆去修两三遍，就像在田里干活一般，捡出那些杂草，留下真正有用的小苗，扶持它，浇灌它，梳拢它，让它开始现出清晰的面目。

有经验的写作者都知道一个事实：无论草稿多凌乱，你都无须绝望，因为经过后面的修整迭代，它常常会呈现出让你惊叹的美。

你容忍不了混乱，你就无法走向清晰。孩子不会一开始就能有成熟的想法，他的想法也是在一点点走向成熟，就像我们成年人一定都有那么一刻，想起10年前的自己、20年前的自己、天真烂漫时的自己，居然会有那样的想法、举动，然后，对自己当初的幼稚和狭隘，发出嘲弄又善意的笑声："是的，当初我还太小，对人生还一知半解……"

所以，我们要容得下孩子的不同，容得下他的稚嫩，容得下他的偏激，容得下他的断章取义。容得下了，在思想上他就是自由的，他就有了开始的可能性。

对孩子异于我们的看法，持开放的态度，不用急于纠错，他自然会自动发展，自动蜕变。也许前一天他回家还跟你骂老师呢，过了不到一周，他反而心有感慨地跟你讲："妈，我们这个新老师似乎也不是那么令人讨厌呢！"

二、啥也不用干，就是学会倾听

费曼是全世界顶级的物理学家和数学家，他曾经提出过一个"费曼学习法"。他说，要想高效率学习，首先，要选择一个你想要理解的概念；其次，假设你站在讲台前，你正要向别人传授这个概念，也就是说，你自己懂了之后，还要能讲给别人听。如果你总也不能用最简单的几句话来表达你的知识点，这就说明，你对知识的要点还没有彻底了解。如果做不到，请返回上一步。

这个学习法非常容易操作，也特别实用。

今天，我们要拿它来反观一个孩子思考能力的发展，你会发现，费曼学习法的基点其实是：假设你要讲给别人听。

也就是说，"你讲给别人听"，单单这一个流程，对你在思维上、表达方式上的考验就足够倒逼你发展出自己的能力。

什么意思呢？

讲了一堂课，对老师的考验或者说老师自己学到的，远远比孩子学到的多。讲的人比单单听的人收获会更大，因为讲是主动做事，你要调动自己全部的体力、精力、经验和智力；而听，常常是被动的。

要想让孩子懂事，变得越来越有条理，越来越有思路，在家里，是应该你讲的多，还是他讲的多？

他要讲，你要听！

每一个孩子都是鲜活的，一天下来，他的身体里面储满了各种各样的情绪、感受、想法，这些东西混杂在那里，就像未经收拾的储物柜，一个劲儿地往里塞，却没有整理，不经整理的思绪都无法升华为有条理的思考。

所以，倾听就是提供给孩子一个机会，让他在讲的过程中，不自觉地对自己的想法进行整合、梳理，进而提炼。这是一件看上去简单，但实际上很复杂的智力工作。

不被倾听的孩子，会压抑情绪，会压制思考。久而久之，孩子就会像一潭死水一般，失去活力和思考的激情。

而经常被倾听的孩子，得到的是：

1. 自信、自尊。"你看，我妈觉得我很棒，我的每一个想法她都那么认真地听。"

2. 清爽的精神。因为负面的情绪都宣泄而出了，自然会神清气爽。

3. 越来越清晰的思考。一边讲一边思考，不断迭代。

4. 越来越强的语言能力。有条理、有生机、有活力的语言能力是不断讲出来的。

总之，最简单的和孩子沟通的方法是，你要多安静地听孩子说。

记住，倾听是开启孩子自我教育的一把钥匙，每一句话是在讲给你听，也是在讲给自己听。

三、无分别心，像一个孩子一般和自己的孩子去探寻答案

前两步走完，第三步的境界就更高了。

不要当自己是他的父母，而要当自己是他的一个伙伴，同龄的伙伴。虽然我们成年了，但是，这个世界这么大，不是每一个问题我们都知道答案，我们知道的答案也不一定都是对的。

所以，不要摆大人的架子，觉得大人一定得教导小孩，立场应该是，我们都是无知的人（只不过父母稍微多一点点经验而已）。

现在摆在面前有一个问题："我最好的朋友居然骗了我，我还要不要理他？"

这是一个复杂的问题呀，小孩子的人际关系里，包含了未来成年后与这个世界交往互动的原则、智慧和方法，是对我们思辨能力的一大考验。

父母拥有的工具是哪些呢？

首先：问答。

不直接给你我已有的结论，而是通过不断提问，和你一起更深入地进行思考。

比如：他为什么骗你呢？他是有什么苦衷吗？你觉得这是一个什么性质的问题？是人品的问题呢，还是他的性格所致，还是其他……

其次：讨论。

父母可以把自己的想法拿出来，孩子也把自己的想法拿出来，讨论彼此的观点，最后的结论是一起得出来的。

最后：我们还要带着孩子一起追问。

是不是还有更好的思考方法呢？我们还可以去求助。因为在我们之外，还有很多优秀的人也思考过类似的问题。书籍、网络、讲座都是我们的工具，看看别人是怎么分析这个问题的。

你看，一个生活中非常常见的问题，但是，我们可以围绕它做这么多工作，习惯成自然，孩子再遇到问题的时候，就会冷静很多，因为理性的思考已经自动启动了。

有了这么大量的重复性的思维探究活动，假以时日，你的孩子是不是会越来越聪明，越来越懂事？

即便将来进入社会，遇到再纷繁复杂的事情，他都可以应付自如。

我常常说，人对了，学习就对了；学习对了，分数就对了。当一个孩子面对问题，学会分析，学会思考，学会探究表面现象下面的本质时，那么他在学习语文、数学、政治、历史时，是不是就游刃有余了？

大家都说高考作文难，其实，作文难，从来不是难在遣词造句，首先是立意想法。你都没有观点，没有分析问题的能力，自然不会有深度思考和属于自己的立场，文字再美，也是空洞无物，三流作品而已。

人如其文，魅力源自内在性格，而性格源自思想，对事对人都拥有自己成熟、独特判断的人，才能够游刃有余地驾驭自己人生的小舟，驶向美好的未来。

父母在教育上急功近利，孩子就会在学习上投机取巧

从教 17 年来，我经常会听到类似下面这几个"爆款"的问题："老师，我们家孩子英语总是学不好，是不是记忆力有问题？""老师，我的孩子记忆力很不好，今天背了的东西，到了明天，他就又忘了。""老师，我的孩子，今天错了的题，改好了，下次再做，还是错的，怎么回事？"

这几个问题的本质其实是一样的，都隐含了同一种心理：我们总希望一竿子就把问题解决掉。

学习态度、学习方法、解题的能力、背单词、背课文……最好一次全部解决。但是，这是你的期待，而现实往往相反，你的心越急切，成效越不如你所愿。

在这个世界上，一个人无论做什么事，只要想有所成就，就必须

遵循一个共同的规律。

这个规律就是：多来几遍。

记不住单词不是你的记忆力有问题，而是你重复背诵的次数不够多；你的题今天错了，明天又错，不是因为你忘性大，而是因为知识的内核没有把握到位。为什么没有把握到位？因为你重复的次数不够多。正如古人所讲，熟读唐诗三百首，不会作诗也会吟。我们总是过于迷信技巧、捷径、灵感，而忽略了经年累月、扎扎实实的底层积淀所带来的厚积薄发。我们总是幻想有一种方法，能够一次性就到位，因为我们害怕麻烦。但是无论是做事，还是学习，要想学有所得，你需要做的就是，多来几遍，再来几遍，一直重复。

李安拍了一辈子的电影，才能对电影艺术的表达越来越游刃有余，拍一两部电影就幻想自己成为大师，那是痴人说梦。即便是人称天才的毕加索，画一幅牛的画，也画了几十几百遍才满意。

我们不是天才，可是我们却寄希望于一次就画好。

看到毕加索，我们难道不脸红吗？

我从事教育工作近20年了，从上师范大学的第一天起，我就开始把注意力都聚焦在教育上。现在我40岁了，能通过和孩子、家长的对话，把这个孩子的性格、思维方式、行为特征、学习问题分析出来，并预测这个孩子未来几年的学习发展、人生走向。

有家长问我：李老师，你怎么这么厉害，你是怎么对这个孩子了解得如此深刻的？

其实背后的原因极其简单：这20年的时间里，每时每刻我都在揣摩教育，研究学生。即便星期天我在外面逛街，都会仔细研究身边遇到的每一个孩子、每一个成年人的行为，仔细体味一个人行为背后的思维密码、性格密码，以及推测他身边的环境……追本溯源，反复验证，就像一个痴迷手艺的工匠，不断打磨自己的教育认知。

那些所谓的天才，是这个世界上做事最不惜力的一群人。因为舍得花力气，肯在最简单乏味的事情上倾注自己大量的时间、精力、心力，所以能成为我们永远也不可企及的高手。

这种不惜力的状态，换一个词，我们可以形容为：磨。

如果一个孩子以这种心境来对待学习，我想，他的记忆力一定会越来越好。耐力不够，错怪记忆力，这是怪错了地方。

而且你要知道：背了越多单词，你背单词的速度就会越来越快。先慢后快，今天的慢，是为了以后的快。

根本原因是，你记得越多，对单词的敏感度就越高，你的敏感度越高，再记忆一个新单词的速度就越快。就像我的妻子热爱文学，每天写作，常常阅读，揣摩要怎样表述才能让句子更清晰、准确、形象，遇到好的句子会抄在笔记本里，放在脑子里，反复品味，它是怎样写的，为什么这样一针见血……所以，好的诗句、段落，她往往看一遍就记住了。

是她的记忆力好吗？

不是，她读得多，写得多，琢磨得多，对文字就敏感；但她在英语单词的记忆上就不行了，在对数学公式的记忆上也不行，因为做得少，所以敏感度不够，记忆的效率就低。

进一步说，如果作为父母能够看淡一时的得失，能够用很大的耐心来面对孩子的成长，可能你希望这个孩子20多岁的时候成熟，但可能他12岁的时候，就已经表现出超越同龄人的成熟了。

所以，做事不要急功近利，不要惜力，不要贪婪，当事情没有做好的时候，问问自己：我付出得够吗？

如果做好一件事，需要你付出100的力量，你毫不吝啬地给了200、300，那么，一定有人讲，你是天才；而大多数人，付出到20、30的时候，往往就止步了。

还有一个关键点是，如果我今天背了10个单词，明天又忘了，那么今天背的这10个单词是不是无意义的？这个问题就相当于我们在讲：我吃了一个馒头没有饱，两个馒头没有饱，吃第三个馒头饱了。我想，明眼人都看出来了，没有前两个馒头，第三个馒头就不可能吃饱。

如果单词背过又忘了，再记住的速度会比昨天用的时间少，但是如果你从来没有背过，抱歉，你得付出和昨天一样的努力才能记住它。遗忘是正常的，但又忘了和你从来没有记住过，是两回事。

只要记住过，其实就已经在大脑深处留下了痕迹，只要简单的一次唤醒就可以了；而如果你从来没有记住过，那么抱歉，你的脑袋是崭新的，你需要花费很大的力气再刻进去。

所以，你所做的一切，都不可能是无意义的。犯错都有它的意义和价值，何况你曾经的付出呢？每一次付出都有价值，但是你不能期待一分汗水就有一分收获。而且，每一次回报的意义是不一样的，吃一个馒头是垫底，吃两个馒头是发展，吃三个馒头是成熟，就是饱了。

饭要一口一口吃，事要一点一点做。一个道理，你往往要悟一生才能参透，我们不能强求一个孩子在7岁的时候就懂很多道理。如果一个孩子讲，我什么都懂，那一定是假懂。

《红楼梦》，你读一生，都未必能读懂。但你每读一遍，都有长进，这就是收获。知识的学习和人的成长，是循序渐进、不断参悟的过程，不是像机器做瓶子，啪，一个，啪，又一个。

如果你要精确计算吃一斤肉，就要长出一斤的力气，读一本书，就要长一本书的知识和智慧，那么，你必然要绝望。

我们要尊重客观规律。不尊重客观规律，现实就会教育你。

当然，有些父母被现实教育了，也没有醒悟，或者悟错点了。

其实，你只要知道，今天做的这件事是对孩子有益的，就可以去做了。做了之后，它必然有它的价值和好处。有的好处，今天可能不够明朗，也许明天你就看到了。就像一颗种子，你种下后虽然看不见它，其实它在默默酝酿，有一天就会破土而出，再长成一棵参天大树。如果你种下一颗种子，但没有长出来，你就要想一想，是不是种得有点少了？

种过庄稼的人都明白：撒种子的时候，要多撒点，不能期待每颗种子都能出苗。每一次付出，都有价值；每一条弯路，都有价值。

经常听到很多家长投诉孩子懒惰，投诉孩子不付出，投诉孩子存有侥幸心理，其实根在哪里？

根子在我们做父母的这里。我们的言行举止中压抑不住的急功近利，舍不得下力气、花时间，这些就像毒瘤一样污染着孩子。所以，解铃还须系铃人，问题的解决还要从我做起。不拿功利之心衡量每一次付出和回报，先有舍，才会有得。

最后，讲一个小段子：我的妻子赵老师当年上初中的时候，是一个妥妥的学霸。其实每天上学她都是最晚的，基本会跟老师一起进校门，但到了学校，学习效率极高，题刷得哗哗的，课文背得溜溜的，单词记得永远超出老师的预期。

为什么她这么厉害呢？因为她从小学起，每天5点起床就开始背诵了，到进校门的时候，已经把两天之后要背的东西都背得滚瓜烂熟了。

她的爸爸从来不督促她学习，不检查她的作业，不教育她怎样学数学、学英语，他只告诉她：笨鸟先飞！

还有，小聪明，是闹不成事的，投机取巧更要不得。不要因为吃了一个馒头，还饿，就说这个馒头没有用！

如何端正孩子的学习态度

在"学习态度"这四个字上,我们有太多的误解。

举几个例子:

孩子在重点中学的初中一年级,排在班级前 10 名,忽然一日没有做作业,妈妈愤怒:"做作业乃学生之天职,你今天居然没有完成,那明天就不要去上学了,什么时候完成,什么时候再去!"

孩子第二天果真不去了,而且在家里怡然自得,一派逍遥。

妈妈本来是要逼一下孩子,见此情形顿时心生焦虑,问我:"老师,这孩子到底是怎么了?是不是学习态度出问题了?"

又如,一个小学四年级的孩子,考 60 分,做事情特别慢,偶尔做得比较快的时候,他会感觉很开心,特别愿意去做。这个时候,妈妈会说:"这个孩子,就是态度有问题,只要他好好学,他就会做得很顺,他就会学得更好!"

有一个孩子是高一的,他考上了重点高中,能力和态度非常到位,可是,高一之后,成绩开始下滑。妈妈就跟爸爸说,这孩子学习态度有问题,他如果坚持下去了,可能就学好了。

还有一个重点高中的高三学生,她从小就是乖乖女,家里人把生活上的事情都包办了,她学习特别努力,也特别听话,从未有过叛逆期,是大家眼中的好学生。结果,到了高三一模的时候,她考了班里的倒数第一,所以,她就不敢去学校了,闭门睡觉了。第二天早晨,妈妈跟她谈了谈,她好了一些,但到了中午的时候,又回归原样了。

妈妈问她:"你说你学习够努力吗?"

她说:"我很努力呀,我觉得我是我们班最努力的,但是,考完试后,他们都考得特别好,我就考得特别差,我已经努力了,我能怎么着?"

妈妈去问老师,老师却说:"其实你家姑娘,算不上是很努力的。"

然后,妈妈就说,看来还是态度有问题,她觉得自己努力了,其实她做得根本还不够。

你看,这个时候,"态度"又出来了。

每年的三、四、五月，中考、高考复习得如火如荼的时候，常常会有很多父母打来电话，焦虑地求助："马上就要考试了，可孩子还是不疾不徐的，一点着急的样子都没有，怎么帮孩子解决一下学习态度的问题呀？"

我们都知道，学习最怕的是不求甚解。可是，在教育上，恰恰我们很多从教者和为人父母者，每天都在做着不求甚解的教育工作。

例如，一谈到孩子的学习，我们通常用三句话就可以总结完：

第一句，孩子学习态度不端正；第二句，孩子学习方法不正确；第三句，孩子基础掌握不牢。

这三句话，就像巨石一般横亘在那里，阻挡了我们进一步探索的脚步。

于是，我们常常看到，一个孩子从小学一年级开始，妈妈就唠叨他学习态度不好，一直到高考前10天了，还在解决学习态度的问题。

但是，如果我们肯往前再走一步，我们就会发现这样一个事实，那就是：学习态度的确很重要，正如我前文所说。但是，一个孩子的学习态度不会无缘无故地不好，总有一些更深更复杂的原因在下面埋着。当我们不再满足于"学习态度"这个肤浅答案的时候，也就迎来了看到真相的那一刻。

我开头提到的案例中的第一个孩子，其实不做作业，他也很忐忑。

有一天，他回家，躺在妈妈身边，闷闷不乐地讲："妈妈，我很烦，我就是很烦很烦，我也知道自己应该去做作业，可是，我就是提不起劲来，我也不想承担责任，我就想一个人，自由自在，你们也别说我……"

他为什么烦？因为他进入青春期了，他身边的世界复杂起来了，他能看到的比原来多了，他内心的困惑迷茫开始浮现了，他想去探索，去寻求，他渴望去面对更大的不确定，但又有点胆怯、恐惧。而妈妈长期对他严格的要求和保守的家庭氛围，让他感觉这样做是不对的，他纠结焦虑，在自我与服从之间，难以取舍。

所以，他不是态度有问题，而是精神不够自由，思考不够深入，是青春期孩子在思想上惯有的迷失与摇摆。

小学四年级的孩子呢？很简单，一个字，就是"钝"。他思维上有点迟钝，想问题很慢，在解决问题的时候，能力有点吃紧，自然就显得慢吞吞的。

就像《射雕英雄传》里的郭靖，他最初学武的时候，人人都指责他，7个师父，甚至自己的妈妈都怒其不争，可是，他又何尝不想学好？只是没有能力，百般用心，也摸不着头脑。

怎么办？这样的孩子，在底层思维上，我们要帮他养心；在具体层面上，我们要训练他的能力。

所谓养心，就是境界的提升，要让他看到、听到、感受到、体验到、觉知到……

所谓训练，就是能力的提升，就像雕琢一块璞玉一般，要不惜力气，要耐得住寂寞、煎熬，一点一点地雕琢他。

高一男孩的颠倒反复呢？

严格来讲，这个孩子不是能力问题，不是态度问题，而是品质问题，做事的品质不到位。做事品质的背后，父母是源头。

父母很功利，功利不怕，怕的是功利还没有章法，没有定力，很短视，急于求成，十几年的熏染，孩子深受影响，又一向优秀惯了，放不下身段，气急败坏，结果，坐不安席，食不甘味，上学惶惶不可终日……做任何一件事，都先问一句，能提分吗？能提分我就做，不能提分我就不做！结果，越急分数越上不去，分数越上不去就越急。试问，这样一个孩子，你能指望他在学业上、未来的事业上走多远？短浅得很！

我常常讲一句话：静能生慧，静能正道，静能开悟。

再说说高三女生。

往深了讲，这是离真实的生活太远了，缺少磨砺的表现。她从来没有在真实的生活中历练过，所以，个体的生命体验太过单薄苍白，才会唯我独尊，觉得自己很努力、很拼命、很委屈。"活得太窄，做事太虚，思考太浅。"这12个字，是症结。

至于那些中、高考迫在眉睫，却懒洋洋一派悠闲的孩子，你问问成绩，一问一个准，分数是不是不高呀？事实应该是很低对吧？数学三四十分，总分二三百分的样子。不是不想学，而是绝望了。反正都考不上，我还费那个劲干吗？

可是，心底其实可想学了，可想学好了，可悔恨了，可一切都晚了……唯其如此，越悔恨，才越绝望；越绝望，就越玩世不恭。

还有习性。养成的懒散习性一时半会儿改不掉，越想学，就越懒散；越懒散，就越泄气；越泄气，就越不做事；越不做事，就越不开心；越不开心，就越放任。写到这里，我心都疼。

我们把"学习态度"当作一个孩子学习不好的根源，但"学习态度"也只是一个结果，是很多因素综合起作用之后的一个表现。

影响学习态度的因素有很多：一、青春期到了，人生困惑迷茫；二、身边环境的引诱，不良价值观、人生态度的渗透；三、思维品质不良，学习能力欠缺；四、做事品质不到位，心性不定；五、活得太窄，做事太虚，思考太浅；六、绝望，看不到人生的希望；七、学习没有成就感；八、懒散的习性，很难改；九、从来没有品尝过成功的滋味，认命了；十、家庭教育的简单、粗暴、失职……

很多孩子学习态度消沉的背后，都有好几个因素的叠加。

我们不能仅仅满足于"孩子们，你们会了吗"，而是要不断地敲打他们："你能不能自己来一遍呢？""你做得快不快呢？"最后，很快拿下来了，我还要逼问一句："你爽不爽？"

会不会，是中等生；快不快，是学霸；爽不爽，是学神。三个标准，三个层次，三大境界。

不这样指点，孩子们就永远不知道自己缺的是哪块，跟学神学霸真正的差距在哪里，自然更不明白，前进的方向在哪里。"高标准，严要求"，如果不落实在教学的具体环节上，不落实在知识学习的每一个环节上，而只是咆哮在嘴上，就是一句空话。

教师对学生的指点，一定是在极细微处下功夫，要的是教师的水平、耐性、良知，而不是大吼一句：要动脑子呀！要勤奋呀！好像慢是学生的错，不勤奋是学生的错，没有谁是天生自带智慧、能力与勤勉的，都是后天的教养，动辄就讲"学习态度"更是荒谬。

曾经有一个被老师预言高中绝对考不上的初二孩子，在找我进行了咨询之后，扔掉手机，开始疯狂地学习。一年的时间，成绩从能考上普高提高到能考上重高，妈妈很不解，问他："为什么不打游戏了？"

他说："妈妈，你以为我真爱打游戏呀！我只不过是不知道该怎么学而已，既然现在知道了，傻子才不学呢。"

你看，人生的目标、学习的方法、学习的成就感、做事的章法，他一天天明晰起来了，态度不是自然就好了？

最后，为什么写这篇文章？因为，想要告诉那些被学习态度困住、裹足不前的家长：

第一，如果孩子要中考、高考了，别再抱怨孩子的态度了，提高孩子解题的能力、应试的能力！

孩子看到了好的成绩，就有了盼头。怎么做呢？拖着他，哄着他，让他去做正确的事。只要孩子做事，前途就一片光明，你要笑对艰难。

第二，孩子没有到升学考试的阶段。

磨刀不误砍柴工。要唤醒孩子面对人生的想法，启发他的思考，指导他的方法，训练他的能力，磨炼他的品质，塑造他的性情，一遍一遍……锲而不舍，不厌其烦，和平演变，逐步渗透。

不要指望孩子态度一下子变了，分数就上去了，学习就好了。往往是孩子学会学习了，分数上去了，有了盼头，看到希望，有了追求，他的学习态度慢慢开始变好了。而这一切，都是煎熬出来的。